Carrithers
Buddha

Michael Carrithers
Der Buddha

Eine Einführung

Aus dem Englischen übersetzt
von Renate Dornberg

Mit einem Essay von Günther Debon

Philipp Reclam jun. Stuttgart

Titel der englischen Originalausgabe:
Michael Carrithers: The Buddha. Oxford: Oxford
University Press, 1983

Universal-Bibliothek Nr. 3941
Alle Rechte vorbehalten
© 1996 Philipp Reclam jun. GmbH & Co., Stuttgart
Die Übersetzung erscheint mit Genehmigung von Oxford
University Press, Oxford, England. © 1983 Michael Carrithers
Umschlagabbildung: Buddha Amida (Amitābha). Holz,
vergoldet. 12./13. Jahrhundert
Gesamtherstellung: Reclam, Ditzingen. Printed in Germany 1996
RECLAM und UNIVERSAL-BIBLIOTHEK sind eingetragene Marken
der Philipp Reclam jun. GmbH & Co., Stuttgart
ISBN 3-15-003941-X

Inhalt

Vorwort

Bis zum heutigen Jahrhundert war der Buddha vermutlich der einflußreichste Denker in der Menschheitsgeschichte. Seine Lehre hatte auf dem indischen Subkontinent mehr als 1500 Jahre lang Geltung und veränderte sich während dieser Zeit mindestens ebenso sehr, wie es das Christentum während seiner ersten 1500 Jahre in Europa tat. Als die Macht des Buddhismus im 13. Jahrhundert in seiner ursprünglichen Heimat gebrochen war, hatte er sich längst nach Tibet, Zentralasien, China, Korea, Japan und Sri Lanka ausgebreitet und befand sich auf dem Weg nach Südostasien. Die Entwicklung des Buddhismus in diesen Ländern war ebenso komplex, wie sie schon in Indien gewesen war.

Ich habe in diesem schmalen Buch nicht den Versuch unternommen, ein solch weitreichendes Thema auszuloten. Ich zeichne nur das Leben des Buddha nach und beschreibe die Entstehungsgeschichte und die Tragweite seiner Lehren. Ich habe jedoch versucht, diesen Bericht so abzufassen, daß der Leser erkennen kann, warum der Buddhismus sich mühelos über Kontinente hinweg ausbreitete und sich über viele Jahrhunderte halten konnte.

Die deutsche Ausgabe enthält – auf Wunsch des Verlages – einen zusätzlichen Essay über den Weg des Buddhismus nach Ostasien von Günther Debon.

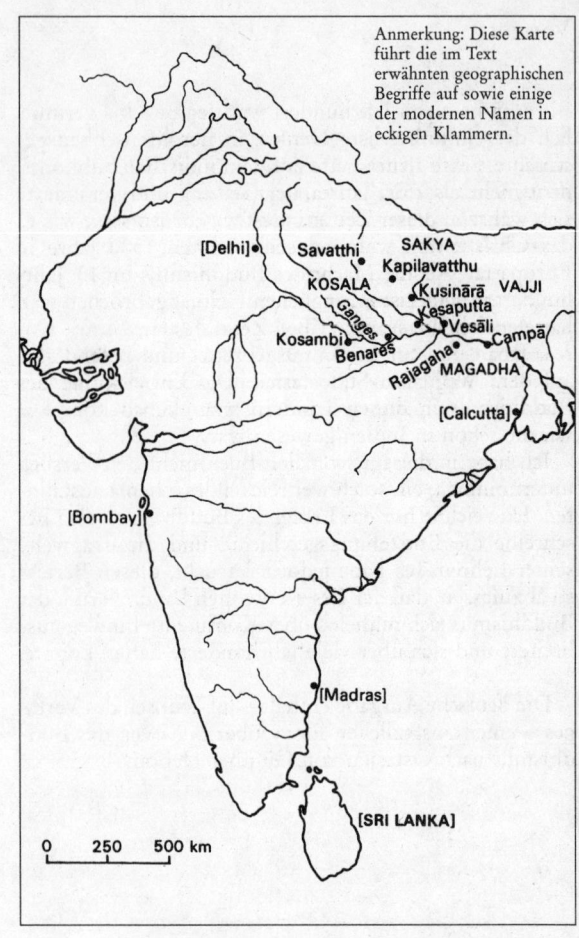

Anmerkung: Diese Karte führt die im Text erwähnten geographischen Begriffe auf sowie einige der modernen Namen in eckigen Klammern.

[Delhi]
Savatthi
SAKYA
Kapilavatthu
KOSALA
Kusinārā
VAJJI
Kasaputta
Vesāli
Kosambi
Benares
Campā
Rajagaha
MAGADHA
Ganges
[Calcutta]

[Bombay]

[Madras]

[SRI LANKA]

0   250   500 km

1

Einführung

Inmitten der Ruinen von Anuradhapura, der alten Hauptstadt von Sri Lanka, sitzt einsam auf einem Sockel über dem Gras ein Buddha aus Stein, etwas mehr als lebensgroß. Es ist eine konventionelle Statue, vermutlich mehr als tausend Jahre alt, von der Art, wie man sie im gesamten buddhistischen Asien findet. Die Beine sind in der Meditation gekreuzt, die Hände liegen, eine über der anderen, auf seinem Schoß. Die Buddhisten glauben, daß der Buddha vor über zweitausendfünfhundert Jahren in dieser Haltung unter einem Baum saß, als er erleuchtet wurde, die endgültige Erkenntnis vom menschlichen Dasein und die unerschütterliche Gewißheit erlangend, daß er vom Leiden befreit war.

In seiner hervorragenden Qualität ist das Anuradhapura-Bildnis jedoch keineswegs konventionell. Rücken und Kopf sind gerade und aufrecht; aber die Arme sind entspannt, und das Gesicht strahlt Ruhe und Gelassenheit aus. Die Figur erscheint intelligent und heiter, in vollendeter Vermählung mit dem starren Granit. Ein älterer Herr, ein englischer Sozialist, erzählte mir, als er davor stand, daß in dem ganzen Tohuwabohu der menschlichen Geschichte wenigstens dies – die Statue und alles, was sie repräsentiert – etwas wäre, auf das wir stolz sein könnten. Er habe mit Religion nichts im Sinn, aber es käme ihm vor, als wäre er, ohne es zu wissen, schon immer ein Anhänger des Buddha gewesen.

Ein überaus persönlicher Gedanke, dessen Enthüllung vielleicht auf die Macht dieser Statue zurückzuführen war: Das Bemerkenswerte ist jedoch, daß er sich bei so vielen anderen Menschen gleichfalls findet. In ähnlicher Weise äußert sich zum Beispiel der Anthropologe Claude Levi-Strauss, den man kaum als Buddhisten bezeichnen kann:

> Was habe ich von den Meistern gelernt, denen ich zugehört, den Philosophen, die ich gelesen, den Gesellschaften, die ich untersucht, und eben der Wissenschaft, auf die der Westen so stolz ist? Lediglich einige bruchstückhafte Lektionen, die sich aneinandergereiht zu der Meditation jenes Weisen zusammenfügen würden, der da zu Füßen seines Baumes sitzt.

Dies bezeugt die Faszination, die der Buddha auch heute noch auf uns ausübt. Ist sie berechtigt? Was hat ein orientalischer Seher, der in der Mitte des ersten Jahrtausends vor Christus unter völlig anderen historischen Gegebenheiten und in einer völlig anderen Kultur geboren wurde, den ausgesprochen modernen Denkern zu sagen? Dies ist die erste Frage, die ich versucht habe zu beantworten.

Und ich versuche, sie mit einer Biographie des Buddha zu beantworten. Daß dies eine vernünftige Vorgehensweise ist, liegt nicht unbedingt auf der Hand, denn die Geschichte ist voll von Gestalten, deren Bedeutung kaum in ihrem persönlichen Leben liegt, sondern einzig und allein in ihrer Lehre. Doch der Buddha ist in dieser Hinsicht ungewöhnlich, denn seine Lehre und sein Leben sind eng und untrennbar miteinander verwoben.

Ich möchte dies an Hand der traditionellen Berichte über das Leben des Buddha belegen, die auf die Buddhisten einen ungeheuren Einfluß ausgeübt haben und heute in vielen europäischen Sprachen erhältlich sind. Der Buddha wurde als Sohn eines Königs geboren und wuchs in Reichtum, Vergnügen und mit der Aussicht auf Macht heran, mit Gütern also, die von allen Menschen begehrt werden. Als er jedoch das Mannesalter erreichte, sah er sich einem kranken Mann, einem Alten und einem Leichnam gegenüber. Da er ein behütetes Leben geführt hatte, war er davon tief betroffen, denn ihm wurde bewußt, daß weder Reichtum noch Macht ihn vor Krankheit, Alter oder Tod bewahren würden. Er begegnete dann einem Wanderasketen, der unbedingt diesen Leiden entkommen wollte. Als er über das nachdachte, was er gesehen hatte, erreichte er den ersten großen Wendepunkt in seinem Leben: Gegen die Wünsche seiner Familie ließ er Heim, Frau, Kind und Stellung zurück, um ein hausloser Wanderer zu werden, der die Befreiung von diesen anscheinend unvermeidbaren Schmerzen suchte.

Einige Jahre lang praktizierte er die tranceähnliche Meditation und später die anstrengende Selbstfolterung, die damals unter diesen Wanderern verbreitet waren, aber er merkte, daß sie wirkungslos waren. So setzte er sich nieder, um ohne geistige oder körperliche Qualen in Ruhe über die mißliche Lage des Menschen nachzudenken. Dies führte zur zweiten wichtigen Veränderung in seinem Leben, denn aus dieser Reflexion in entspannter Ruhe erwuchsen schließlich Erleuchtung und Befreiung. Er hatte »getan, was zu tun war«, er hatte das Rätsel des Leidens gelöst. Aus dieser Erfahrung entwickelte er seine Philosophie, die er dann 45 Jahre lang verbreitete, und seine Lehre berührte nahezu alle Probleme des menschlichen Lebens. Er gründete einen Orden von Mönchen, die sich dadurch befreien sollten, daß sie seinem Beispiel folgten; und die Mönche verbreiteten seine Lehre in der Welt. Er starb schließlich wie andere Sterbliche auch, wurde allerdings im Gegensatz zu diesen

»vollständig ausgelöscht« (*parinibbuto*), denn er würde
nicht mehr wiedergeboren werden, um erneut zu leiden.

Es gibt begründete Zweifel selbst an dieser sehr
komprimierten Darstellung, aber sie muß zumindest in
groben Zügen hinsichtlich des Lebenslaufes wahr sein:
Geburt, Reife, Entsagung, Suche, Erleuchtung und Erlösung, Lehre, Tod. Diese Biographie mit ihren zwei mar-
kanten Transformationen, der Entsagung und der Erleuchtung, gab dem Buddha und seinen Anhängern die
dramatische Fabel, mit der sie ihren Glauben und das
psychologische und philosophische Modell veranschau-
lichen konnten, auf dem ihr Denken gründete. Drama-
tisch gesehen konzentriert sich die Handlung auf geistige Veränderung, die durch heroische persönliche
Anstrengungen erreicht wird, während sie sich vom phi-
losophischen Standpunkt aus auf Entdeckungen konzentriert, die innerhalb des Geistes und Körpers des
Buddha stattfinden.

Daher sagte der Buddha: »In diesem Leib von sechs
Fuß Länge liegt, so sage ich, die Welt, liegt der Ursprung
der Welt, das Ende der Welt und der Weg, der zum Ende
der Welt führt« (S I 62). Innerhalb dieser Grenzen unter-
lag er den Leiden gleichermaßen wie alle Sterblichen.
Für alle Sterblichen gilt nach seinen Worten: »Geburt ist
Leiden, Altern ist Leiden, Krankheit ist Leiden.« Nach
seiner Auffassung konnten diese unausweichlichen Tatsachen von jedem durch Selbstbeobachtung der eigenen
Erfahrung entdeckt werden. Ebenso waren die Wege zur
Befreiung jedem zugänglich. Die von ihm entwickelten
Meditationsmethoden gehen zum Beispiel von so einfachen, jedem zugänglichen Phänomenen wie dem eigenen
Atmen aus. Das von ihm verkündete sittliche Verhalten
gründete in klaren, praktizierbaren Prinzipien, die seinem eigenen Leben entnommen waren. Das Laborato-

rium des Buddha war er selbst, und er verallgemeinerte seine Ergebnisse und weitete sie auf die ganze Menschheit aus.

Die zweite Frage lautet also: wie veränderte und entwickelte sich der Buddha weiter? Denn diese Entwicklung ist in der einen oder anderen Weise Gegenstand seiner Philosophie. Dieser Frage haben sich die Buddhisten mit Nachdruck gewidmet, und es ist eine Frage, die der Buddha selbst oft beantwortet hat. Manchmal antwortete er direkt, indem er einen Teil seines Lebens wiedergab. Ein andermal antwortete er indirekt, indem er darlegte, welche schädlichen Folgen es hatte, wenn man X tat, die Folgen bei der Handlungsweise Y aber positiv wären und einen der Erlösung näherbrächten. Dahinter lag die Annahme, daß der Buddha dies wußte, weil er die Alternativen kennengelernt hatte. Er verlangte von sich, genauso wie von seinen Mönchen, die Beherzigung der einen Regel, daß man sich an Beweise zu halten habe: »Das, was du bestätigst, [muß sein], was du selbst begriffen, gesehen, erkannt hast« (M I 265).

Aus der Verquickung der Philosophie des Buddha mit dem Autobiographischen folgt jedoch nicht, daß eine Darstellung des Buddha allein ausreichen würde, um diese zu erklären. Denn trotz seiner Vorliebe für die Einsamkeit war er doch ein Teil seiner Gesellschaft und deren Geschichte. Er erlebte große, einschneidende gesellschaftliche und geistige Veränderungen, Veränderungen, deren Früchte er erbte und zu deren weiterer Entwicklung er maßgeblich beitrug. Sein Denken war revolutionär, aber es war eine Revolution, die schon lange zuvor begonnen hatte. Das Bild, das mir vorschwebt, ist das einer Welle der Veränderung, die langsam im Laufe von Jahrhunderten anwuchs und alle Aspekte im Leben der alten Inder erfaßte. Der Buddha wurde auf den

Kamm der Welle gehoben und konnte mit seinem Auge alle menschlichen Angelegenheiten überblicken. Das Problem liegt darin abzuschätzen, wieviel von seiner Vision er dieser Erhobenheit, seiner Stellung in der Geschichte und der Arbeit seiner Vorgänger und Zeitgenossen verdankte und wieviel dem eigenen Scharfblick.

Welche Anhaltspunkte besitzen wir, um vom Leben und der Umwelt eines Mannes zu erzählen, der vor zweitausendfünfhundert Jahren lebte? Was das Leben des Buddha betrifft, müssen wir uns fast ausschließlich auf die buddhistischen Schriften verlassen, die in vielen Sprachen Asiens erhalten sind und wenigstens den Vorteil haben, sehr umfangreich zu sein. Die Teile, die am ältesten sind und sich am eingehendsten mit dem Buddha befassen, der *Korb der Heiligen Schriften* (*Suttapiṭaka*) und der *Korb der Mönchsordnung* (*Vinayapiṭaka*), füllen mit ihren zahlreichen Versionen mehrere Regale. Die meisten davon werden überdies als Äußerungen des Buddha dargestellt, jede bei einer bestimmten Gelegenheit an einem bestimmten Ort ausgesprochen. Die Absicht der Anhänger des Buddha lag offensichtlich darin, die tatsächlichen Worte ihres Lehrers innerhalb ihres historischen Rahmens zu erhalten.

Wie erreichten sie dieses Vorhaben? Sehen wir uns zunächst die Gestaltung des buddhistischen Kanons an. Die kanonischen Texte sind unterschiedlich gestaltet: manchmal sind es Dialoge zwischen dem Buddha und Anhängern anderer Lehren; manchmal sind es Antworten auf spezifische Fragen, die ihm von seinen eigenen Mönchen unterbreitet wurden; manchmal sind es an die Mönche gerichtete Lehrreden, und gelegentlich sind es Predigten an die Laienanhänger, die ihr Haus nicht verließen, sondern damit zufrieden waren, die Hauslosen zu unterstützen.

Die Mönche trugen, da die Lehre zum größten Teil an sie gerichtet war, die Hauptverantwortung für ihre Bewahrung. Der Buddha und seine Mönche zogen fast das ganze Jahr umher, sie versammelten sich aber für die vier Monate der Regenzeit während des nordindischen Monsuns in einzelnen Klöstern. Auf ihrer Wanderschaft verbreiteten der Buddha und seine Mönche die Botschaft im Land, aber während der Regenzuflucht in den Klöstern diskutierten und übten sie die Lehre. Ein paar der kanonischen Texte bestehen sogar aus Diskussionen zwischen Mönchen. Im gesamten Kanon finden sich leicht voneinander abweichende Versionen der einen oder anderen Doktrin, und dies ist zweifellos zum Teil auf die Bearbeitungen durch die Mönche zurückzuführen, die entweder zu Lebzeiten des Buddha oder nach seinem Tod durchgeführt wurden. Auch ist es wahrscheinlich, daß der Buddha seine Lehre zuweilen abänderte oder verbesserte und daß die Zerstreuung der Mönche in alle Himmelsrichtungen es möglich machte, daß sich sowohl frühere als auch spätere Versionen bei ihnen hielten, jede an einem anderen Ort.

Nach dem Tod des Buddha begann erst die eigentliche Arbeit des Erhaltens und Bewahrens. Die Mönche hielten vermutlich kurz nach diesem Ereignis ein Konzil ab, und mit ziemlicher Sicherheit fand ein Jahrhundert danach ein weiteres statt. Bei diesen Konzilen bemühte man sich, die Authentizität der damals existierenden Darstellungen von Leben und Lehre des Buddha festzustellen, und man war sich der systematischen Regeln bewußt, die bei der Beurteilung, ob ein Text authentisch sei oder nicht, zu beachten waren. Darüber hinaus ließen die Mönche sich einiges einfallen, damit die Lehre des Buddha bewahrt bliebe. Sie übernahmen aus der sie umgebenden Kultur Methoden des Rezitierens und Memorierens oder entwickelten diese selbst. Sie setzten bei vielen Texten Wiederholung und formelhafte Aneinanderreihungen ein, was das Einprägen erleichterte. Sie verwendeten Gedichte, die wahrscheinlich gesungen wurden – der Buddha könnte dies allerdings auch schon getan haben. Und vor allem unterteilten sie die Diskurse in klar unterschiedene, sich aber stark überlappende Themen-Gruppen, von denen jeweils eine von bestimmten Mönchen auswendig gelernt und weitervermittelt werden mußte. Die Schriften wurden erst drei oder vier Jahrhunderte nach dem Tode Buddhas niedergelegt, aber diese von Mündlichkeit und Gemeinschaft geprägten Methoden stellten sicher, daß seine Worte wahrscheinlich besser erhalten wurden, als unsere auf das gedruckte Wort fixierte Welt dies wahrhaben möchte.

Das soll nicht heißen, daß das kanonische Material völlig verläßlich ist. Einige der Worte des Buddha gingen verloren, andere wurden mißverstanden. Einige entwickelten sich zu reinen Formeln, die in falschem Zusammenhang zitiert wurden. Außerdem fügten die Mönche auch einiges hinzu, insbesondere die Gestalt des Buddha wurde oft überhöht. Keine der Sprachen, in denen der Kanon heute erscheint, war die Sprache des Buddha, wie immer diese aussah, obwohl eine von ihnen, Pāli, ihr wohl sehr nahekommt. Einige interne Anhaltspunkte lassen darauf schließen, daß diese ältesten Texte zur Zeit des zweiten Konzils oder kurz danach schon ungefähr die Form angenommen hatten, in der wir sie kennen. Bestenfalls können wir also hoffen, den Buddha ähnlich gut zu sehen wie seine eigenen Schüler drei Generationen nach seinem Tod.

Dennoch brauchten viele westliche Gelehrte mehr als ein Jahrhundert, um zu diesem Schluß zu kommen. Ziemlich bald nach dem zweiten Konzil wurde der buddhistische Orden eine Zeitlang durch Schismen gespalten, und jede neue Gruppe bewahrte die alten Texte, stellte sie aber um. In der gesamten buddhistischen Geschichte läßt sich dieses Prinzip erkennen, zwar immer wieder umzustellen, aber nie etwas wegzulassen. Im Gegenteil, dem alten Material fügten die verschiedenen Schulen neues Material hinzu, so daß der jetzt erweiterte Kanon jeder Gruppe verschiedene Schwerpunkte und neue Lehren enthielt, in einer der verwandten nordindischen Sprachen Pāli, Sanskrit oder einem der Prakritas. Diese Entwicklung fand auf dem indischen Subkontinent statt, und aus dieser Zeit sind in einer indischen Sprache nur der Pāli-Kanon in seiner Gesamtheit und einige Fragmente in anderen Sprachen erhalten.

Vieles von dem anderen Material existiert noch in Übersetzungen. Denn noch später, etwas weniger als tausend Jahre nach dem Tod des Buddha, wanderte der Buddhismus nach China und anschließend nach Tibet, und ein Großteil des Materials, das heute in den indischen Sprachen verloren ist, wurde ins Chinesische und Tibetische übersetzt und dadurch erhalten. In diesen übersetzten Kanons wurden die alten Lehren jedoch in völlig andersartige, dem Buddha fremde Lehren eingebettet und oft sogar entstellt. Die buddhistische Welt entwickelte, wie der westlichen Forschung im 19. Jahrhundert auffiel, Praktiken und Meinungen, die sich mindestens ebensosehr voneinander unterschieden wie diejenigen christlicher Kirchen.

Zunächst schien es einfach, davon auszugehen, daß der von den Theravadin (Lehre der Ordensältesten) in Sri Lanka, Birma und Thailand bewahrte Pāli-Kanon der älteste und authentischste war. Das behaupteten jedenfalls die Theravadin selbst. Inzwischen haben einzelne Gelehrte sich jedoch die zum Nachprüfen solcher

Behauptungen erforderlichen Kenntnisse in Pāli, Sanskrit, Tibetisch und Chinesisch angeeignet, und in zentralasiatischen Schatzgruben sind sehr alte Texte aufgetaucht. Es sieht nun so aus, daß die Pāli-Texte, auch wenn sie immer noch die bei weitem nützlichste Quelle für den Buddha darstellen, in mancherlei Hinsicht aufgrund der chinesischen, tibetischen oder in Zentralasien gefundenen Texte korrigiert und verbessert werden können. Die tibetischen und chinesischen Quellen helfen auf jeden Fall bei der Frage weiter, welches die ältesten Quellen sind. Im vorliegenden Buch stammen die Übersetzungen und Termini aus den Pāli-Quellen, aber ich habe als Ergänzung auch die Erkenntnisse von Gelehrten hinzugezogen, die in anderen Sprachen arbeiten.

Diese Texte sind in vielem sehr gut, aber sie sind in einer Hinsicht seltsam unzureichend, nämlich hinsichtlich der Fakten, die zu einem Eintrag des Buddha im *Who's Who* gehören würden. Am schwierigsten gestaltet sich die Chronologie des Buddha. Den Schriften kann man wohl soweit glauben, daß er ein reifes Alter, achtzig Jahre, erreichte und fünfundvierzig Jahre lang lehrte. Mit den tatsächlichen Daten ist das eine andere Sache. In Sri Lanka erhaltene und von westlichen Gelehrten korrigierte Quellen lassen auf das Jahr 483 v. Chr. als das Todesjahr des Buddha schließen. Quellen aus China vermuten das Jahr 368 v. Chr. Die Frage wird immer noch heftig diskutiert und wohl weiter diskutiert werden, denn in beiden Fällen hängt die Argumentation von einer langen und brüchigen Kette von Schlußfolgerungen ab. Das Problem veranschaulicht eine Eigenschaft, die für die alten Inder insgesamt typisch ist: Sie waren weniger an Chronologie interessiert und weitaus mehr an Philosophie. Daher befinden wir uns in der paradoxen Situation, eine bessere Vorstellung vom Denken des

Buddha zu haben als davon, in welchem Jahrhundert er lebte.

Das bedeutet jedoch nicht, daß die Quellen in historischen Dingen unzureichend sind. Der Buddha war ein praktisch denkender Mann, der oft etwas an Hand von konkreten Beispielen aus seiner Umgebung erklärte, und dadurch erfahren wir sehr viel über seine Welt. Die Anstrengungen der Mönche, die Worte des Buddha in einem realistischen Rahmen zu bewahren, tragen ebenfalls dazu bei. Wir erfahren, welchen Beschäftigungen die Menschen nachgingen, wie sie sich gegenseitig gesellschaftlich einordneten, wie das politische Geschehen aussah und welche religiösen Einrichtungen es gab. Man kann daraus ein vielseitiges und komplexes Bild vom Indien des Buddha nachzeichnen, ein Bild, das durch die Schriften der Jaina, der Rivalen der Buddhisten, untermauert wurde. Ja, man kann sagen, daß Indien mit dem Buddha zum ersten Mal in den Kreis der Geschichte tritt, denn in allen Erzählungen und Darstellungen wird erst zur Zeit des Buddha so weit in Details gegangen, daß man konkret über bestimmte Könige oder Staaten, bestimmte ökonomische Verhältnisse, bestimmte religiöse Lehrer und ihre Lehren schreibt.

Dieses relativ statische Bild kann darüber hinaus durch Vergleiche mit anderen Quellen mit Leben erfüllt werden. Für die vorbuddhistische Zeit haben wir die Sanskrit-Texte der brahmanischen Tradition (die sich später zum Hinduismus entwickeln sollte), die *Brahmaṇa* und *Upanishaden*. Diese gehen weitaus weniger ins Detail als die buddhistischen Schriften, da sie die Fachliteratur eines Opfer- und später esoterischen Kultes darstellen; auch beziehen sie sich, da sie über mehrere Jahrhunderte entstanden, nicht auf eine einzelne Epoche. Aber sie bezeugen, daß die frühere Gesellschaft sich in ihrer Art nicht wenig vom Zeitalter des Buddha unterschied. Diese Unterschiede werden außerdem durch archäologische Funde bestätigt. Einige Jahrhunderte vor dem Buddha gab es keine wirklichen Städte und keine Staaten, sondern nur eine Reihe von kleinen Krieger-Reichen. Zur Zeit des Buddha gab es sowohl Städte als auch Staaten, und ein oder zwei Jahrhunderte nach seinem Tod sollte Nordindien vom Reich der Maurya, dem größten Staat auf dem Subkontinent bis zur britischen Oberherrschaft, beherrscht werden. Der Buddha erlebte den Aufstieg der indischen Zivilisation mit, genauso wie Sokrates den Aufstieg der westlichen Zivilisation im alten Griechenland miterlebte.

Es entwickelten sich auch im alten Indien neue, bleibende Denkweisen, die den unseren in mancher Hinsicht so ähnlich sind, daß sie uns kaum auffallen. Hier ist ein Vergleich mit dem alten Griechenland besonders hilfreich, denn nur durch die Rückschau auf jene Epoche unserer eigenen Geschichte können wir sehen, wie sich diese Denkweisen allmählich entwickelten. Für uns ist es heute selbstverständlich, eine Sprache und eine Denkweise zu haben, die uns erlauben, über die menschliche Gesellschaft allgemein zu sprechen oder über die Möglichkeit einer universellen sittlichen Verhaltenslehre zu diskutieren. Für uns ist es etwas völlig Normales, Grundsatzfragen über uns selbst zu stellen, deren Antworten viel allgemeiner auf Menschen in ganz unterschiedlichen Situationen zutreffen können. Wir nehmen außerdem an, daß solche Angelegenheiten nach unpersönlichen Wahrheitskriterien diskutiert werden können, die jedem zugänglich sind. Kurz, wir sind mit einem Denken vertraut, das auf das Allgemeine zielt und nicht im Besonderen verharrt, das abstrakt ist und nicht konkret, das durch Logik begründet wird und nicht durch übernatürliche Kräfte bestätigt, durch gebräuchliche Metaphorik veranschaulicht oder durch Tradition sanktioniert wird.

Wenn wir uns jedoch Sokrates und seine Vorgänger in Griechenland und den Buddha und seine Ahnen in Indien ansehen, dann erscheinen uns diese Denkweisen unverbraucht und neu. Dies heißt nicht, daß die frühen Griechen und Inder nicht in der Lage waren, über sich selbst oder ihre Gesellschaft nachzudenken. Das haben sie zweifellos getan, aber ihre Reflexionen waren auf eine enge Perspektive innerhalb der eigenen Gruppe beschränkt. Sie konnten sich am besten zueinander und übereinander äußern, und nur jemand, der in diese Gesellschaft geboren war, konnte an den Früchten ihres Denkens teilhaben. Denn ihr Denken war in dem spezifischen Sinne symbolisch, als es die gemeinsamen Erfahrungen und Werte dieser relativ kleinen Gemeinschaft mehr evozierte und ausdrückte als hinterfragte und erklärte. Solange diese Erfahrungen mit allen geteilt wurden und solange die Gemeinschaft nicht zu viele ungleiche Elemente aufnahm, gab es keinen Grund, ja, keine Gelegenheit, die Werte in Frage zu stellen.

Aber mit dem Aufkommen der Städte und dem Wachsen einer komplexen, kosmopolitischen Gemeinschaft waren die Erfahrungen nicht mehr die gleichen, wurden die Werte nicht mehr ungefragt hingenommen. Das gute Verhältnis zwischen traditionellem Denken und dem Leben bestand nicht mehr. In den Formen des täglichen Lebens gab es beträchtliche Veränderungen, und mit diesen Veränderungen entstand die Möglichkeit, diese Formen zu diskutieren und zu überdenken; die Menschen konnten nun darüber philosophieren. Das meint Cicero, wenn er über Sokrates sagt: »Zuerst rief er die Philosophie vom Himmel herunter, setzte sie in die

Städte und führte sie sogar in die Häuser ein und zwang sie, über das Leben und die Moral, das Gute und das Böse nachzudenken.« Dasselbe könnte man vom Buddha sagen. Keiner von beiden interessierte sich sehr für Gott, Götter oder das Übernatürliche, aber beide setzten sich leidenschaftlich für die Ziele und die Führung menschlichen Lebens ein.

2

Frühe Jahre und Entsagung

Spätere Überlieferungen schmückten die frühen Jahre des Buddha und sein Erscheinungsbild in hohem Maße aus und sind daher nicht sehr verläßlich. Die Bilder zeigen ihn zwar üblicherweise in seiner charakteristischen Meditationshaltung, können aber keine Porträts sein, da sie erst einige Jahrhunderte nach seinem Tod entstanden. Man kann annehmen, daß er zu seiner Zeit als gutaussehend galt, denn eine relativ frühe Quelle, das *Aggañña Sutta*, hebt seine Schönheit im Vergleich mit dem Nachbarkönig Pasenadi hervor. Über seinen Charakter läßt sich, abgesehen von seiner Philosophie, nur wenig sagen, denn in unseren Quellen wird sein Charakter immer mit seiner Philosophie gleichgesetzt. Wir können jedoch mit einiger Sicherheit vermuten, daß er in seiner Jugend ein Heißsporn und Rebell war, denn ein braver, ruhiger Charakter hätte sich wohl nicht vorgenommen, was der Buddha sich vornahm und schließlich auch erreichte.

Bei zwei Tatsachen bewegen wir uns auf festerem Grund. Erstens, der Buddha wurde im Stamm der Sakya geboren, wahrscheinlich in deren Hauptstadt Kapilavatthu, dem jetzigen Lumbini in der nepalesischen Flachlandregion Terai. Zweitens, der Name seiner Familie war Gotama (Sanskrit *Gautama*; Buddha, der »Erwachte«, wurde er erst nach der Erleuchtung genannt, aber aus praktischen Gründen verwende ich durchgehend diese Bezeichnung). Diese Fakten verraten nichts über seine Kindheit oder Ausbildung, ordnen ihn aber in die Ganges-Zivilisation ein und deuten an, in welche Traditionen er hineingeboren wurde.

Die Sakyas gehörten zu einer Reihe von Völkern, die den nördlichen Rand der Ganges-Ebene an der Peripherie der sich damals entwickelnden nordindischen Zivilisation bewohnten. Als der Buddha geboren wurde, waren diese Völker noch mehr oder weniger unabhängig und hatten weitgehend vergleichbare Staatswesen. An ihrer Spitze standen Oligarchien oder Ratsversammlungen oder eine Kombination aus beiden; daher sollte man sie als oligarchische Republiken bezeichnen. Manche wählten zwar für einen bestimmten Zeitraum einen Regenten, aber es gab keine Könige im engeren Sinne, und damit ist die spätere Tradition, nach der der Buddha Sohn eines Königs war, hinfällig. Dennoch nahmen die Sakyas innerhalb ihres Volkes für sich den Rang von Königen, Adligen und Kriegern in Anspruch und erkannten vermutlich, im Gegensatz zu anderen, den zeremoniellen Vorrang von Brahmanen, Priestern von hohem Rang, nicht an. Sie sahen sich als eine Elite, und man kann sich kaum des Eindrucks erwehren, daß der Buddha im Umgang mit der Welt die Selbstsicherheit zeigte, die eine edle Geburt verleiht.

Es gibt Anzeichen dafür, daß die Sakyas versuchten, sich abseits von dieser Welt zu halten, aber sie waren bereits tief darein verwickelt. Der Familienname des Buddha, Gotama, wurde schon anderswo und wahrscheinlich sogar zuerst von Brahmanen verwendet. Und die Art, wie die Sakyas auf ihre hohe Stellung pochten, konnte eigentlich nur jenseits ihrer Grenzen eine Wirkung haben. Darüber hinaus waren sie einem König im Süden gegenüber im Grunde schon tributpflichtig und wirtschaftlich wahrscheinlich in den südlichen Handel eingebunden. Die Sakyas und die gesamten Stammesrepubliken waren eher Objekte als Subjekte des Handelns. Sie steuerten zur indischen Kultur nur ihren großen

Sohn, den Buddha, bei und einige ihrer Werte, die in seiner Lehre bewahrt wurden.

Die Zentren des Umschwungs und der Macht lagen in der Mitte der Ganges-Ebene. Eine Anzahl kleiner, heroischer Kriegerstämme hatte sich in den Jahrhunderten zuvor entlang des Flusses angesiedelt, und diese Stämme entwickelten sich zu zentralisierten Königreichen. Es gab eine traditionelle Liste von sechzehn dieser »großen Reiche«, aber schon in der Jugend des Buddha waren einige von anderen geschluckt worden, die weitere Eroberungen vorbereiteten. Eines dieser Reiche, Kosala, eroberte zu Lebzeiten Buddhas die Sakya. Ein anderes, Magadha, das schon in Westbengalen herrschte und dazu bestimmt war, der Kern des Maurya-Reiches zu werden, sollte nach seinem Tod die Vajji-Föderation von Stammesrepubliken schlucken. Die Zukunft gehörte den Königen, nicht den Republiken.

Im Herzen dieser Staaten bildeten sich nun städtische Zentren. Dort befand sich der königliche Hof, und der Hof und die Städte zogen weitere Vertreter städtischen Lebens nach sich: Händler und Handwerker mit neuen Fertigkeiten, Soldaten und Arbeiter, Stammesführer eroberter Gebiete, die ihren Tribut ablieferten, die Vertriebenen, die Ausländer, die Opportunisten. Die Einteilung nach Arbeit und Status war bis ins kleinste geregelt, und Menschen unterschiedlicher Sprachen und Kulturen waren nun gezwungen, so gut wie möglich miteinander auszukommen. Der Hof und die Stadt hatten auch Auswirkungen auf das umliegende Land, einmal durch die von den königlichen Soldaten und Beamten ausgeübte Macht, daneben durch den weniger vordergründigen Einfluß des Fernhandels und durch Bevölkerungsbewegungen. Die archäologischen Funde zeigen, daß der Aufbau der alten indischen Städte ungeplant verlief: Es herrschte Chaos, und dieses Chaos versinnbildlicht vielleicht am besten die Schwierigkeiten und die kreativen Möglichkeiten jener neuen, komplexen Gemeinschaften. Allem voran stand die Frage, wie die Inder in dieser völlig veränderten Welt ein neues Selbstverständnis finden konnten.

Sie begannen mit einem uralten intellektuellen Hilfsmittel, einer Konzeption der verschiedenen gesellschaftlichen Stände. Dies eignete den alten heroischen Kriegergesellschaften und erinnert an die in Europa im Mittelalter übliche Unterteilung der Gesellschaft in die Betenden, die Kämpfenden und die Arbeitenden: Kirche, Adel und Bauern. Im Falle Indiens gab es vier Stände (Sanskrit *vaṇa*). An der Spitze standen die Brahmanen, Priester der Opferreligion und Intellektuelle. Trotz ihres Ranges übten sie jedoch keine Macht aus. Diese wurde der zweiten Kaste überlassen, den Kriegern (*khattiya*, Sanskrit *kṣatriya*), deren Pflicht es war zu kämpfen, zu herrschen und für das Opfer zu zahlen. Zu dieser Kaste zählten sich die Sakya, und in diese Kategorie fielen Könige und Adlige. Die dritte Kaste bestand aus dem gemeinen Volk, den Handwerkern, Bauern (Sanskrit *vaiśya*). Zur vierten Kaste gehörten die Diener (Sanskrit *śudra*), die nicht am Segen der Opferreligion teilhaben durften und dazu verdammt waren, den anderen drei Ständen zu dienen. Mit dieser Konzeption war die hierarchische Beziehung zwischen den Ständen geregelt, wobei jeder Stand gewisse Rechte und Pflichten gegenüber den anderen besaß und alle den höheren Ständen mit Respekt begegneten. Diese Konzeption liefert auch ein Bild der Gesellschaft, in der nur die Stellung zählte und eine Kriegerelite zusammen mit ihren Priestern über das gemeine Volk und die noch niedriger stehenden Angehörigen eroberter Stämme herrschte.

Am wichtigsten aber war, daß diese Konzeption des Ständewesens sich auf andere Bereiche des menschlichen Lebens erstreckte. Sie stellte nicht nur eine Ideologie verschiedener Berufe oder gesellschaftlicher Klassen dar, sondern beschrieb auch die grundlegenden Charaktereigenschaften der Mitglieder jeder Kaste. Wenn man zum Beispiel jemanden einen Krieger nannte, wies man ihn nicht nur als einen Träger von Waffen und einen Herrschenden aus, sondern sagte damit gleichzeitig, daß er reich, mächtig, großzügig, heldenhaft und von edler Geburt war. Ein Brahmane war nicht nur von seiner Funktion her ein Priester, sondern von Natur aus mit Weisheit, Tugend, Gelehrsamkeit, persönlicher Reinheit und Reinheit der Geburt ausgestattet. Und wenn man jemanden einen Diener nannte, bezog man sich nicht nur auf seine Arbeit, sondern auch auf seine Armut, Schwäche, niedere Gesinnung und niedrige Geburt. Was man über einen Menschen wissen mußte, erfuhr man durch seinen Stand, sei es nun im religiösen, psychologischen, politischen, ökonomischen oder gesellschaftlichen Bereich. Das Aussehen einer Person, ihre geistigen und körperlichen Eigenschaften, ihr ganzes Wesen wurde durch den Stand bestimmt. Die einzelnen Stände schienen verschiedenen Spezies anzugehören. Bei dieser Konzeption gab es keine Menschen, sondern nur Brahmanen, Krieger, Bauern und Diener; ähnlich wie es in der Apartheid nur Schwarze, Weiße und Farbige gibt. In den Texten der älteren Kriegergesellschaften, den *Brahmaṇa*, wird das Ständewesen als völlig normal hingenommen. Es erwuchs aus den Erfahrungen der vorurbanen Inder der Ganges-Region und drückte die Art und den Aufbau ihrer Gesellschaft aus. Wenn es aus heutiger Sicht ungerecht erscheint, so muß man bedenken, daß die

Ungerechtigkeit in ihrer Welt sowieso schon in vielfacher Hinsicht vorhanden war.

Die Theorie des Ständewesens war jedoch nicht mehr in der gleichen engen, organischen Weise in die inzwischen städtische Welt eingebunden wie zu Zeiten der Krieger und Kämpfer. Dafür gibt es mehrere Gründe. Erstens bezog sie nicht die neue Vielfalt und Komplexität von Berufen und Stellungen mit ein. In den älteren Texten werden zum Beispiel keine Händler erwähnt; aber in den buddhistischen und Jaina-Texten treten sie aktiv hervor. In den älteren Texten gibt es nur Krieger, aber in den neueren finden sich daneben bezahlte Soldaten und Beamte. Diese und andere Spezialisierungen waren durch die neuen Umstände und den Gebrauch von Geld, das in Nordindien erst mit den Städten Einzug hielt, ermöglicht worden. Diese neuen Kategorien von Menschen brachten die Ständetheorie ins Wanken. Dort wurde von einem einfachen Landbewohner und einer ländlichen Welt ausgegangen, in der vier Arten von Menschen lebten. Wie paßten nun diese neuen Menschen in dieses Schema? Welcher Art waren diese Menschen?

Dies war jedoch keineswegs die dringlichste Frage, die durch die veränderten Umstände aufgeworfen wurde, denn etwas ganz anderes traf das Ständewesen in seinem Kern. In dem buddhistischen Text M II 84 werden zwei wichtige Dinge angesprochen. Erstens wird festgestellt, daß ein Verbrecher, sei er nun Brahmane oder Diener, Krieger oder Bauer, vom König eines seit kurzem zentralisierten Staates streng nach der Schwere seines Vergehens bestraft wurde und nicht nach seiner Standeszugehörigkeit. Dies lief jedoch der alten Sichtweise zuwider, wo die Bestrafung auf die Person, auf den Stand des Übeltäters abgestimmt wurde und nicht nur auf das Verbrechen. Sollten Brahmanen und Krieger etwa wie gemeine Verbrecher behandelt werden? Sollten die Stände nicht mehr respektiert werden? Zweitens wird darauf hingewiesen, daß es in der ständischen Welt des Buddha durchaus möglich war, daß jemand aus einer hohen Kaste, ein Brahmane oder ein Krieger, bei jemandem aus einer niedrigen Kaste, einem Diener oder Bauern, als Diener angestellt wurde. Eine solche Möglichkeit wäre in der alten Ordnung völlig unvorstellbar gewesen: Diener konnten nur dienen, Brahmanen und Krieger nur herrschen.

Hier sollen diese Beobachtungen den wahren Zustand der Welt zeigen, der im Gegensatz steht zu dem hohlen Anspruch der Brahmanen, die weiterhin an der Ständetheorie festhalten. Und es erscheint plausibel. Vergleichen wir vorbuddhistische Texte mit einer weiteren neuen Literatur, die zu Buddhas Lebzeiten zu erscheinen begann, dem *Dharmaśastra* (Wissenschaft vom Gesetz; ich beziehe mich auf das früheste, das *Gautama Dharmaśastra*), so erkennen wir, daß Könige tatsächlich ihre Macht des Urteilens und Bestrafens auf neue Art ausübten. Auf jeden Fall konnten sie noch wie in den Stammesrepubliken alte Eliten ab- und neue Eliten einsetzen. Wir lesen auch in beiden buddhistischen Quellen und der Gesetzes-Literatur, daß sich neuartige finanzielle Arrangements – Kredite und Schulden, Zinsen und An- und Verkauf von Land – entwickelt hatten. Damit einher ging die Möglichkeit, daß eine Person von hohem Rang und großem Reichtum durch habgierige Geschäftemacherei alles verlieren oder jemand von niedriger Geburt mit denselben Mitteln aufsteigen konnte.

Die Schwierigkeit der Ständetheorie bestand darin, daß sie vier Idealtypen von Menschen beschrieb und jeder Typ seine Charakteristika in Harmonie vereinigte. Ein Krieger war zum Beispiel Krieger seiner Abstammung nach, Krieger aufgrund seiner politischen Macht und – Macht hieß schließlich Macht über die Menschen und das Land, die einzigen Quellen des Reichtums – Krieger aufgrund seines Reichtums. Die Wirklichkeit sah inzwischen jedoch ganz anders aus. Es gab Krieger, die es von der Abstammung her waren, aber weder über Macht noch über Reichtum verfügten. Es gab reiche Männer, Händler, Kaufleute, die weder die richtige Abstammung hatten noch über Macht verfügten. Und es gab in den neuen Staaten mächtige Männer, die von der Abstammung her keine Krieger waren. Jeder in einer solchen Position war sich nur zu schmerzhaft bewußt, daß seine tatsächliche Lage nicht mit der übereinstimmte, die ihm im Ständewesen zugeschrieben wurde. Diese alte Auffassung der menschlichen Natur und der menschlichen Welt entsprach einfach nicht mehr der Wirklichkeit.

Auf dieses Problem gab es zwei Antworten. Die erste kam von den Brahmanen, den Theoretikern des Ständewesens. In ihrer Wissenschaft vom Gesetz, einer Reihe von Texten, die in den Jahrhunderten nach dem Buddha erschien, änderten sie jene Theorie allmählich ab. Ihre Strategie bestand, wie so oft im indischen Denken, darin, das Alte zu erhalten, aber durch Neues zu ergänzen. Sie behielten die hierarchische Ordnung der Stände bei, indem sie einfach die neuen Berufe in die alten Schubladen steckten: Händler zu Bauern, während viele der handwerklichen Fertigkeiten in die Dienerkaste kamen. Regionale Gruppen und Stämme wurden auf die drei unteren Stände verteilt. Die Brahmanen dachten sich auch eine Theorie aus, in der das Auftreten von erblichen regionalen oder beruflichen Gruppierungen – jetzt als Kasten bezeichnet – als das Ergebnis von Heiraten zwischen verschiedenen Ständen erklärt wurde. Damit waren sie auf lange Sicht gesehen so erfolgreich, daß sich die Inder mit ihrem Verständnis des komplexen Kastenwesens heute noch an dem einfachen Ständesystem orientieren.

Unser Interesse gilt jedoch der zweiten Antwort. Diese sah ganz anders aus und kam von den Asketen und Wandermendikanten, denen sich der Buddha einmal anschließen sollte. Ihre Antwort findet sich sowohl in buddhistischen als auch in jainischen Quellen und ist von so grundlegender Bedeutung für die Anschauungen der Asketen, daß sie schon, zumindest in groben Zügen, angelegt gewesen sein muß, als der Buddha auf der Bildfläche erschien.

Der Buddha bringt diese verbreitete Ansicht in besonders klarer Form im Dialog mit einem Brahmanen zum Ausdruck (D I 4). In dem Dialog stellt er dem Brahmanen eine Suggestivfrage: »Was macht einen wahren Brahmanen aus?« Genausogut hätte er fragen können: »Was macht die beste, höchste Spezies des Menschen aus?«, denn nach dem Ständesystem ist der Brahmane eben das. Darauf erwidert der Brahmane, daß ihm und seinen Standesgenossen eine erhöhte Stellung zukomme, weil sie eine Reihe von besonderen Eigenschaften in sich vereinen. Sie seien zugleich von edler Geburt, von höchster Gelehrsamkeit, am schönsten, am weisesten und am tugendhaftesten.

Dies ist eine vollkommen orthodoxe Ansicht: Der Brahmane hält sich für einen Ausbund an lobenswerten Eigenschaften. Dann aber nimmt der Buddha diesen Anspruch auseinander, indem er genau nachfragt. Könne man zu Recht behaupten, ein Brahmane zu sein, ohne daß auf beiden Seiten die reine Linie sieben Generationen zurückzuverfolgen sei? Nun, es scheint so. Könne man behaupten, ein Brahmane zu sein, ohne über brahmanische Gelehrsamkeit zu verfügen? Ja. Könne man behaupten, ein Brahmane zu sein, wenn man nicht über körperliche Schönheit verfüge? Aber gewiß doch. Aber könne man den Status eines Brahmanen in Anspruch nehmen, wenn man weder über Weisheit noch über Tugend verfüge? Nein, antwortete der Brahmane, denn dies wären die grundlegenden Eigenschaften eines Brahmanen, die Grundlage ihres Anspruchs auf geistige Führung und einen hohen Rang.

Weisheit und Tugend. Es erscheint zweifelhaft, daß ein Brahmane sich tatsächlich zu solch vernichtenden Eingeständnissen hinreißen ließ, aber allein die Tatsache, daß ein Schlagabtausch in dieser Form möglich war, weist auf einen beträchtlichen Wandel im intellektuellen Klima hin. Nun wurde nämlich nicht nur die brahmanische Weltanschauung in Frage gestellt; vielmehr hatten sich auch die zwei Eigenschaften Weisheit und Tugend von ihrer traditionellen brahmanischen Interpretation gelöst. Tugend: nun bestand ein Konsens darüber, was gutes Verhalten ausmacht, und dieses hatte nichts mehr damit zu tun, was für einen bestimmten Stand angemessen war. Der Buddha vertritt nämlich den Standpunkt, daß Tugend für jeden erreichbar sei: sie werde nicht bei der Geburt zugeschrieben, sondern durch eigene Anstrengung erreicht. Und ebenso sei es mit der Weisheit. Mithin sei der wahre Brahmane einfach ein Mensch, der, unabhängig von Geburt und Abstammung, über Weisheit und Tugend verfüge.

Diese Argumentation richtet sich gegen brahmanischen Dünkel und stützt den Anspruch der Asketen, Weisheit und Tugend zu besitzen. Sie bedeutet aber noch mehr: daß nämlich allen Menschen, völlig unabhängig von Stand oder Position, eines gemein sei, die Fähigkeit zu Weisheit und Tugend. Mit einem Schlag war die verwirrende Vielfalt von Rängen und Schicksalen in den Hintergrund gerückt, während eine einzige, allen zugängliche Begabung in den Vordergrund trat. Im Prinzip kann jeder Mensch weise und gut werden. Diese These wurde, auf die eine oder andere Weise, von vielen Zeitgenossen des Buddha vertreten. Sie bezogen sich nicht nur auf diesen oder jenen Zustand, diesen oder jenen Stand, sondern sprachen die Menschheit an sich an. Dies war ein revolutionärer Schritt, denn bis dahin hatten die Inder keine Möglichkeit, vom menschlichen Leben jenseits der begrenzten Ständekonzeption zu sprechen, die der alten Ordnung der indischen Gesellschaft verbunden war. Jetzt konnten sie einen viel größeren Bogen spannen, und diese Möglichkeit machte sich der Buddha mehr zunutze als irgendeiner seiner Gefährten.

Dies mag uns wie ein Riesenschritt erscheinen, war in Wirklichkeit aber nur Teil eines weitaus größeren Projekts, das der Buddha von den Wandermendikanten übernahm, als er der Welt entsagte. Diesen war die menschliche Gesellschaft nicht so wichtig wie ihre Eckpfeiler: Geburt und Tod und der weite geistige Kosmos, der hinter den vergänglichen Erscheinungen des irdischen Lebens lag. Sie betrachteten die Bevölkerung in der Ganges-Ebene aus der Entfernung und verachteten sie. Sie waren tatsächlich hauslose Wanderer (*paribbajakas*), um das geistige Licht Bemühte (*samaṇas*), der Welt und all ihren Früchten Entsagende. Sie waren aber auch Indiens vielleicht einzig wahre Kosmopoliten, Bürger des Ganzen, nicht nur eines Teils.

Ihr Kosmopolitismus zeigt sich darin, daß der zukünftige Buddha in seiner Heimat in der Provinz so viel über sie wußte, daß er beschloß, es ihnen gleichzutun. Die frühesten Quellen zu seiner Entsagung sind knapp und einfach, aber sie sind diesbezüglich eindeutig. Er war nur »ein Knabe mit pechschwarzem Haar, am Beginn des Lebens« (M I 163), als er die Welt verließ. Dies wirft zwar Zweifel bezüglich der Existenz von Frau und Kind auf, die spätere Traditionen ihm zuschreiben, veranschaulicht aber, daß das Verlassen der Welt eine Berufung für das ganze Leben darstellte.

Der Entsagung lag ein bestimmtes Motiv zugrunde: »Mir kam der Gedanke, das Leben im Hause sei eng und unrein, während das Leben in der Hauslosigkeit weit offen sei; es ist schwierig, ein in allen Teilen vollkommenes, reines geistiges Leben zu führen, wenn man eingesperrt ist« (M I 241). Daraus können wir etwas von der abenteuerlustigen Hochherzigkeit ahnen, die zur Zeit des Buddha mit dem Leben der Wandermendikanten verbunden wurde. Die Wandermendikanten suchten nach einem Ideal der Vollkommenheit, das jenseits der elenden Anforderungen und armseligen Auseinandersetzungen des gemeinen Lebens lag. Sie waren nicht auf eigenes Vergnügen aus, sondern auf ein erhabenes Unternehmen, das ihnen manchmal Ehre einbrachte, viel öfter jedoch Strapazen und Schwierigkeiten. Der Welt zu entsagen, war das Bestreben junger Männer, ja von Romantikern, und so gesehen war der Buddha nur einer von vielen, die ihr Heim verließen, weil das Leben eines Wandermendikanten sie reizte.

Dem Enthusiasmus gegenüber stand jedoch eine düstere, ernsthafte Betrachtung der Aufgabe, die ein solches Leben bedeutete. Zunächst erlegten die hohen Ideale von Tugend und Weisheit jenen Wandermendikanten die Bürde der Perfektion auf, die vielleicht nur wenige bis ins kleinste erreichen konnten. Und zweitens verließen sie das normale Leben nicht nur, um sich von den Lasten zu befreien, sondern auch, um den Gefahren zu entgehen. In der nüchternen Darstellung seiner Reflexionen vor der Entsagung wird der erste große Sinneswandel des Buddha so beschrieben:

> Warum suche ich, da ich doch selbst der Geburt, dem Altern, Krankheit, Tod, Kummer und Verunreinigung unterworfen bin, ausgerechnet das, was auch diesen Dingen unterworfen ist? Und wenn ich nun, da ich doch selbst diesen Dingen unterworfen bin und ihre Gefahr erkannt habe, die nichtgeborene, nichtalternde, nichtkranke, von Tod und Kummer freie, unbeschmutzte höchste Aufhebung der Unterjochung, die Auslöschung aller Sorgen, suchte?

Diese Darstellung ist durch das spätere Denken des Buddha gefiltert, aber wir sehen durch diesen Filter, wie kraß die Alternativen einander gegenüberstehen. Das unreflektierte, unkontrollierte Leben im Haus führt nur zu Kummer und Verzweiflung, in endloser Wiederholung. Nur das Leben des Entsagers birgt Hoffnung, die Hoffnung, auf den Morast aus Verlangen und Leiden von der Warte des Wissens und der Leidenschaftslosigkeit hinabzuschauen. Westliche Autoren haben darin oft reinen Pessimismus gesehen, dabei aber den Optimismus übersehen, die Aussicht darauf, den »Nicht-Tod« zu erlangen. Die Haltung der Entsagenden setzte sich aus dunkler Bitterkeit und heller Hoffnung zusammen.

Diese Haltung entwickelte durch die dahinterstehende Theorie erst ihre richtige Anziehungskraft. Dort wurde die Zurückweisung der Welt durch die Entsagenden erklärt und gerechtfertigt. Die gewöhnlichen Tätigkeiten des Haushalters wurden der ungewöhnlichen Untätigkeit des Entsagenden gegenübergestellt. Denn der Haushalter muß zum Erreichen seiner weltlichen Ziele wie sexuelles Vergnügen, Fortpflanzung, Erwerb von Gütern oder Macht über andere Menschen sogenannte Taten (Sanskrit *karman*) vollbringen. Zu solchen Taten gehören keine belanglosen Tätigkeiten wie etwa das Zähneputzen, sondern nur jene, die von Belang oder fruchtbar sind, die die eigene Existenz oder die von anderen grundlegend beeinflussen. Darüber hinaus haben diese Taten neben den vordergründig sichtbaren auch spirituelle Folgen, denn in ihnen steckt die Macht, den Körper und das Leben des glücklosen Haushalters von Grund auf zu erneuern, die Macht zur Wiedergeburt. (Wenn dies merkwürdig erscheint, sollte man bedenken, daß es nicht weniger rational ist als der Glaube, daß unsere Taten uns in den Himmel oder in die Hölle bringen oder daß sie übernatürliche Vergeltung nach sich ziehen.) Und durch die Wiedergeburt ist er dazu verdammt, in einem anderen Leben dasselbe zu erleiden und zu wünschen wie in diesem. Das Leiden eines Lebens ist also nur eine Kostprobe des nie endenden Leidens, das man unweigerlich erfahren wird, wenn man stirbt und wiedergeboren wird in dem ewigen Kreislauf, *saṃsāra*, des Lebens in der Welt, des Verlangens und des Kummers.

Der Entsagende lebt dagegen in Keuschheit, Armut, Gewaltlosigkeit und ohne Verlangen, was nicht so sehr auf positive Tätigkeit als vielmehr auf Untätigkeit hinausläuft, da er einfach keine Taten vollbringt, die die furchtbare Macht hätten, ihn wiedergeboren werden zu lassen. Der erfolgreiche Entsagende entkommt also vollkommen dem Kreislauf der Wiedergeburt. Natürlich kann der Haushalter durch gute Taten eine bessere Wiedergeburt erlangen (im Himmel oder als Brahmane) oder durch schlechte Taten eine schlechtere (in der Hölle oder als Tier). Bis zu diesem Grad hat der Haushalter sein Schicksal in der Hand. Das ist jedoch nichts im Vergleich zu der Tatsache, daß in jedweder, auch der höchsten Geburt Leiden, Tod und Wiedergeburt unvermeidlich sind. Nur wenn man der Welt völlig entsagt, wenn man alle von Makeln behaftete Tätigkeit aufgibt, kann man diesem furchteinflößenden Mechanismus in das »Nichtgeborene, Nichtalternde, Nichtkranke und vom Tod Freie« entfliehen.

Dieses Kausalgesetz ist unpersönlich – es geht von keinem Gott aus – und universell, denn es gilt für alle empfindenden Wesen, Tiere, Menschen oder übernatürliche Wesen, die gemäß ihren Taten wiedergeboren werden. Mit Sicherheit war es das Entstehen dieser Anschauung und nicht nur die Kritik an der Ständetheorie, die dazu führte, daß die Entsagenden die menschliche Natur entdeckten. Denn der buddhistische Text, in dem festgestellt wird, daß jeder ein Diener werden kann oder daß jeder vom König gemäß seinen Taten bestraft wird, beruft sich auch auf dieses universelle Kausalprinzip. Jeder, so heißt es darin, Brahmane oder Diener, werde die Folgen seiner Taten in einem anderen Leben spüren, aber jeder, Brahmane oder Diener, könne der Welt entsagen, um der Wiedergeburt gänzlich zu entgehen. Hier wird die Ständetheorie grundsätzlich widerlegt, die Gesellschaftskritik geschieht nur nebenbei. Die Entsagenden sahen das Leiden aller empfindenden Wesen, wobei die Menschen nur eine besondere Gruppe darstellten.

Als Novize waren dem Buddha diese Gedanken in ihren groben Zügen wahrscheinlich verständlicher als in ihren Einzelheiten. Auf jeden Fall gab es schon die Theorie der moralischen Kausalität und die Bemühungen, ihr zu entkommen, wenn sie auch auf Jahrhunderte bezogen ziemlich neu war. In den älteren vorbuddhistischen Texten finden sich nur wenige Hinweise darauf.

In späteren vorbuddhistischen Texten, den *Upanishaden*, hatten sie Form angenommen. Und zu Lebzeiten
des Buddha hatte sich die Idee der Reinkarnation durchgesetzt, und die Entsagenden waren im Grunde ein fünf-
ter Stand geworden, ein auffallend wichtiger Teil der
Gesellschaft. Viele Fragen zur Entwicklung der Entsagenden und ihrer Weltanschauung bleiben unbeantwor-
tet und unbeantwortbar; auf jeden Fall müssen ihre
Praktiken und ihre Theorie gleichzeitig entstanden sein.
Nur eine Gruppe von Männern, deren Praktiken sich
vom normalen Leben entfernten, konnte eine solch fern-
liegende und düstere Weltsicht entwickeln, und nur eine
erhabene, allgemeine und allumfassende Theorie konnte
ein solch hartes Leben rechtfertigen und die Menschen
in der gesamten Ganges-Ebene dazu bringen, die Entsagenden als Mendikanten zu respektieren und zu unterstützen.

Die Entsagenden wurden durch ihre Welt geformt,
aber sie formten diese auch selbst, als Lehrer, Priester
und Vorbilder. Man hat in ihrer Reinkarnationstheorie
schon häufig eine irrationale religiöse Anschauung gesehen, eine unter Umständen schon sehr alte, die es bereits
gab, als die Kriegergesellschaften Nordindien eroberten.
Das ist vielleicht nicht völlig von der Hand zu weisen,
aber dabei wird die Macht einer Theorie unterschätzt,
die eine komplexe Welt erklären möchte; die relativ
große Differenziertheit dieser Theorie wird unterschätzt. Sei es, daß man von edler Geburt war oder
nicht, sei es, daß man am königlichen Hof aufstieg oder
den Familienbesitz verloren hatte, sei es, daß man ge-
schäftliche Erfolge hatte oder von der königlichen Ar-
mee geschlagen worden war – die Theorie konnte es erklären. Erfolg, Schönheit und Macht in dieser Welt waren die Folge guter Taten in einem vorigen Leben. Die

bescheidene Gutherzigkeit der Armen wird ihre gerechte Belohnung im nächsten Leben finden, während wohlhabende Missetäter bestraft werden. Außerdem wurden nicht nur Ereignisse im Laufe des Lebens, sondern auch dessen äußere Begrenzungen – Geburt, Alter und Tod – als Teil eines größeren Plans gesehen, innerhalb dessen sie berichtigt werden konnten. Es überrascht nicht, daß die Theorie in der einen oder anderen Form in der ganzen indischen Kultur, ja sogar bei Brahmanen, solch großen Anklang fand. In ihrem Gebrauch abstrakter moralischer Kategorien, nämlich des Guten und des Bösen bezüglich aller Taten, in ihrem Postulat eines Naturgesetzes von Ursache und Wirkung und in ihrer Unpersönlichkeit war sie das Produkt geistiger Bemühungen, die sich über Generationen und Jahrhunderte erstreckten. Sie wurde vom Buddha und seinen Zeitgenossen nur noch weiter verbessert und ausgearbeitet.

In den früheren brahmanischen Texten findet die Diskussion, die zu diesen Entwicklungen führte, relativ verhalten oder gar nicht statt; in den buddhistischen und Jaina-Texten, die die unmittelbare Umgebung des Buddha spiegeln, sprechen eine Vielzahl von widerstreitenden Stimmen, so als befinde man sich auf einem turbulenten Marktplatz philosophischer Meinungen und asketischer Praktiken. Es gab tatsächlich öffentliche Beratungshallen, wo sich die Asketen jeglicher Couleur zum Disput versammelten. Öffentliche Vorträge oder Predigten, die sich an Jünger und auch potentielle Laienanhänger wandten, waren gang und gäbe. Bestimmte Praktiken wurden von allen geteilt – Betteln, Wandern, Keuschheit, Selbstbeherrschung –, aber über diese Gemeinsamkeiten hatte sich ein dichter Mantel aus unterschiedlichen Meinungen und Philosophien und eine überwältigende Vielzahl einfallsreicher Selbstfolterungen gelegt.

Dabei spielte auch Selbstdarstellung eine gewisse Rolle. Einige aßen wie Hunde, andere nahmen die Haltung eines Huhns ein, viele gingen nackt umher. Wichtiger war noch die Selbstdarstellung auf intellektueller Ebene; der Buddha sollte später jene schmähen, die »klug, subtil, erfahren in der Auseinandersetzung, Haarspalter, die sich im Streitgespräch wie Würmer winden«, waren. Aber gerade die den »Haarspaltern« in den Mund gelegten Ausdrücke der Beschimpfung zeigen die anspruchsvollere Art der Diskussion und die Verbreitung jener Denkweisen, die es den Menschen erlauben würden, sich für das eine oder das andere Argument zu entscheiden: »du folgerst dies, du kommst zu dieser Annahme«; »bemühe dich, deine Gedanken klarer zu fassen«; »löse dich davon, wenn es dir möglich ist«. Es gab unterschiedliche Schulen von Skeptikern, Philosophen, die die Möglichkeit genauen Wissens in dieser oder jener Sache bezweifelten; daß es sie gab, ist vielleicht ein untrügliches Zeichen für die Hitze und Differenziertheit des geistigen Klimas. Es gab Materialisten, die die Existenz eines unsichtbaren spirituellen Kosmos der Seelenwanderung abstritten. Es gab Anhänger einer Prädestinationslehre, die an Seelenwanderung glaubten, aber davon ausgingen, daß jedes empfindende Wesen zuerst jedes mögliche Schicksal durchlaufen müsse, bevor Erlösung möglich war.

Für den Buddha relevant sind jedoch drei Bewegungen, von denen die erste sich in den brahmanischen Texten findet. In der ältesten Sakrifikalliteratur war das Opfer auf die Person des Opfernden ausgerichtet gewesen, seinen Körper und seinen Geist, und sollte ihn mit magischen Kräften ausstatten, damit er irdische Ziele

wie Erfolg, Fruchtbarkeit und ein langes Leben errei-
che. Daraus entwickelte sich die Beschäftigung mit der
anderen Welt, dem Leben nach dem Tod, und gleichzeitig die mehr nach innen gerichtete Hinwendung zur
Person des Opfernden, seinem Selbst. In den *Upanishaden*, die vielleicht gar nicht lange vor der Zeit des
Buddha entstanden, ist es das Selbst, das innere Wesen,
das der Seelenwanderung unterliegt und von Geburt zu
Geburt reist.

Die zweite Bewegung war die des Yoga, die in ihren
relevanten Teilen der Upanishadenbewegung so ähnlich
war, daß man durchaus von einem Spektrum von Yoga-/
Upanishaden-Doktrinen sprechen kann. In den buddhistischen Schriften, die sich gegen diese Yoga-/*Upanishaden*-Anschauungen richten, erhaschen wir einen Blick
auf die Fülle von Spekulationen und die vielen differen-
zierten Lehren, die verschiedenartigste Auffassungen
des Selbst vertreten: sei es materiell, sei es feinmateriell
oder nur etwas Geistiges; andere behaupteten wiederum,
jeder Mensch habe nicht nur ein zunehmend vergeistig-
tes Selbst, sondern mehrere. Jede Anschauung konstru-
ierte ihren spirituellen Kosmos etwas anders, und eine
ganze Palette von Meditationstechniken war darauf ausgerichtet, dieses Selbst zu erlangen, in das man dann jenseits der Schmerzen und Wirrnisse der Welt und der Seelenwanderung hineinsinken konnte.

Die dritte Bewegung wird heute am ehesten mit dem
Jainismus verbunden. Der Gründer des Jainismus war
Mahāvīra, ein Zeitgenosse des Buddha; es gibt jedoch
deutliche Anzeichen dafür, daß seine Lehren sich auf
schon vorhandene Doktrinen stützten, deren Einflußbe-
reich groß war. Diese Schule vertrat eine besonders aus-
geprägte Version der Lehre von der Seelenwanderung,
die besagte, daß das Verletzen jeglicher Lebewesen, die

alle eine Seele besäßen, dem Verletzen der eigenen Seele
gleichkäme; Verunreinigungen blieben haften wie Dreck
an einem Lappen. Von schon vorhandenen Verunreigungen könne man sich nur durch freiwillige Selbstkasteiung, zum Beispiel Fasten, säubern; und um weitere
Verunreinigung zu vermeiden, dürfe man kein Lebewesen, ob groß oder klein, verletzen: Dies ist die Doktrin
der Gewaltlosigkeit oder des Nicht-Verletzens, *ahiṃsa*.
Die Selbstkasteiung der Jaina findet auf der einen Seite
ihre Parallele in der ganz allgemein von allen Entsagenden erwarteten Selbstbeherrschung und auf der entgegengesetzten Seite in den ausgefallenen Arten der Selbstfolterung. Ebenso war das Nicht-Verletzen ein normaler
Bestandteil der Moralanschauungen des Entsagenden; es
wurde vielleicht am begeistertsten von den Jaina- und
Protojaina-Anhängern verfolgt, fand sich aber auch bei
anderen.

Die Beziehung des Buddha zu diesen drei Bewegungen war vielschichtig. Zunächst kann man sagen, daß er
einiges von ihnen übernahm und einiges verwarf. Er
ging von der Selbstbeobachtung der Yoga-/*Upanishaden*lehre aus und entwickelte ihre Meditationstechniken
weiter, aber er verwarf die im Yoga zu findenden Doktrinen des Selbst. Er spannte die Lehre des Nicht-Verletzens für seine eigenen Zwecke ein, lehnte jedoch Selbstkasteiung ab. Dennoch war es nie so, daß er, was ihm
plausibel schien, einfach übernahm oder daß er passiv
dem Einfluß seiner Vorgänger und Zeitgenossen folgte,
denn was er akzeptierte, das formte er um, und wenn er
etwas verwarf, dann hatte er dafür einen originellen und
kreativen Grund. Der Buddha lebte in einer dynamischen, von Wettkampf geprägten Welt, in der ihm von
allen Seiten mit nachdrücklichen Forderungen nach völliger intellektueller Treue oder völliger Übernahme die-

ser oder jener Lebensweise zugesetzt wurde. Die relative Einfachheit und der kühle, nüchterne Ton der Lehre Buddhas verschleiern, mit welchem Nachdruck er darum kämpfte, im Gewirr der vielen Stimmen die eigene zu finden.

3

Der Weg zur Erleuchtung

Nachdem der Buddha sein Heim verlassen hatte, ging er nach Süden in die Bevölkerungszentren, die sich im mittleren Ganges-Becken aneinanderreihten. Bis zu seinem Tod wanderte er kreuz und quer durch ein Gebiet von, grob gesagt, 400 Kilometern Länge und 250 Kilometern Breite, das von Kosambi im Westen bis Campā im Osten reichte. Es gibt zwar eine späte unzuverlässige Chronologie nahezu des gesamten Zeitraums, aber wichtiger ist das Muster des Wanderlebens des Buddha. Offensichtlich hielt er sich zeitweise in den Tiefen der Wälder auf und suchte sich sogar in einem Kuhstall eine Bleibe. Er kam mit Königen und Prostituierten in Berührung, mit Händlern und Brahmanen. Sein Dasein als Wanderprediger erlaubte ihm, in alle Winkel des Lebens und in alle Ecken der Kultur Einblick zu nehmen. Er genoß dieselben Freiheiten wie die religiösen Bettler, die keinem bestimmten Teil der Gesellschaft angehörten und sich überall bewegen konnten, weil sie im Grunde für niemanden eine Gefahr bildeten. Nur Händler und Hausierer – jene für die Zeit des Buddha so charakteristischen Figuren – sahen vielleicht ebenso viel von der Welt, führten ein ebenso kosmopolitisches Leben.

Doch obwohl der Buddha seine Welt umfassend kennenlernte, war er kein Teil von ihr. Er stand außerhalb aufgrund der nach Höherem strebenden persönlichen Moral der Entsagenden: »Wie eine Lotusblume, die im Wasser geboren wird, im Wasser heranwächst und sich aus den Wassern erhebt, um rein und unbefleckt darüber zu schweben, so lebe auch ich, der ich in die Welt geboren wurde, in der Welt aufwuchs, mich der Welt entwöhnt habe, unbefleckt von dieser Welt« (A II 38–39). Er schlief manchmal mit anderen Wanderern unter einem Dach und hielt sich häufig über einen längeren Zeitraum in Waldstücken in der Nähe der großen Städte auf – Rājagaha, Sāvatthi, Benares, Vesāli, Kosambi –, die den Wandermendikanten oder später dem wachsenden buddhistischen Orden vorbehalten waren.

Alles, was wir über diese prägende Zeit im Leben des Buddha wissen, über seine Begegnungen mit den anderen Wandermendikanten, ist in einer kurzen, nüchternen Darstellung enthalten, die ohne ihre Wiederholungen und unglaubwürdigen Details kaum ein oder zwei Seiten in der Übersetzung einnehmen würde – als biographische Quelle nicht sehr vielversprechend. Die Schilderung ist jedoch in Begriffe gefaßt, die sich wiederum mit ziemlicher Genauigkeit aus anderen Lehrschriften des Buddha erschließen lassen, und wenn der Text erst von seinem Ballast befreit worden ist, bildet er eine weitaus fruchtbarere Quelle, als es zunächst scheint. Das scharfe Auge eines skeptischen Gelehrten würde kein einziges Detail dieser Schilderung ungefragt hinnehmen, aber die Geschichte als Ganzes läßt sich so gut mit dem Rest der Lehren Buddhas in Einklang bringen, daß ein beträchtliches Körnchen Wahrheit darinstecken muß.

In dem Text (M I 163–166) werden die ersten Begegnungen des Buddha mit den Entsagenden dargestellt, und zwar zwei Lehrern der Yogameditation, Ālāra Kālāma und Uddaka Rāmaputta. Der Buddha ging zunächst zu Ālāra Kālāma und machte sich »in kürzester Zeit« dessen Lehre zu eigen, »jedoch nur durch Nachplappern und Wiederholen«. Da der Buddha erkannte, daß diese Lehre – die bezeichnenderweise in diesem Text nicht beschrieben wird – auf der meditativen Erfahrung

des Lehrers gründete, fragte er diesen: »Wie weit hast du
die Lehre umgesetzt und sie direkt durch meditatives
Wissen erfahren?« Āḷāra Kālāma antwortete, daß er bis
zur Meditationsebene des Nichtseins vorgestoßen sei.
Der Buddha erreichte daraufhin diesen Meditationszustand und kehrte zu Āḷāra Kālāma zurück, um ihm von
seinem Erfolg zu berichten. Dieser war so erfreut darüber, daß er den Buddha aufforderte, neben ihm Lehrer
und Führer zu werden. Der Buddha aber dachte: »Diese
Lehre führt nicht zur Leidenschaftslosigkeit, zum Ab-
klingen des Verlangens, zur Ruhe, zum Frieden, zu unmittelbarer meditativer Erkenntnis, zur Erleuchtung,
zum Verlöschen; sie führt nur zur Meditationsebene des
Nichtseins.« Daher verließ er Āḷāra Kālāma und ging
zu Uddaka Rāmaputta, wo sich die gleichen Ereignisse
abspielten, nur mit dem Unterschied, daß Uddaka Rā-
maputtas Lehre nicht zur Erleuchtung, sondern nur
zur Meditationsebene der Weder-Wahrnehmung-noch-
Nicht-Wahrnehmung führte, und daher verließ der Buddha auch ihn.

Dies war auf manche Weise das wichtigste Kapitel der
Suche des Buddha, und um seine Bedeutung zu verstehen, müssen wir uns mit den Meditationsbereichen befassen. Was waren sie? Und warum verwarf der Buddha
sie?

Die grundlegende Praxis zum Erreichen dieser Zustände ist in allen indischen Meditationssystemen ziemlich ähnlich, sei es nun das buddhistische oder das der
Yoga/*Upanishaden*. Man beginnt damit, daß man sich an
einem ruhigen Ort mit gekreuzten Beinen und geradem
Rücken hinsetzt. Der gerade Rücken und die übereinan-
dergeschlagenen Beine fördern die Wachheit, die in einer
bequemeren Haltung, zum Beispiel im Liegen, nicht erreicht würde. Dann konzentriert man sich auf ein Ob-

jekt, in manchen Versionen zuerst auf einen Gegenstand, aber schließlich in fast allen Fällen auf eine innere Wahrnehmung, ein mentales Bild, eine einzelne Empfindung oder vielleicht einen stumm wiederholten Laut. In der *Upanishaden*-Version konzentrierte man sich beispielsweise auf das im Herzen wohnende Selbst, »kleiner als ein Senfkorn und goldfarben« (C III 14). In der buddhistischen Version konzentrierte man sich auf eine Farbe, etwa Blau; oder auf seinen Atem, was sowohl in der buddhistischen als auch in der Yoga-Meditation vorkam. Neben dieser Konzentration auf ein Objekt steht das strenge Ausschließen aller anderen Empfindungen, ja aller lediglich zufälligen Gedanken. Man versenkt sich dadurch völlig in das Objekt der Meditation – bis zu einem gewissen Grad kennt jeder, der sich auf eine Aufgabe konzentriert, diese Versenkung.

Da das Objekt über lange Zeit unverändert vor dem geistigen Auge gehalten wird, werden ziemlich außergewöhnliche Effekte erzielt. Psychologen, die diese Wirkungen untersucht haben, bestätigen nicht nur, daß meßbare körperliche Veränderungen mit einer solchen Meditation einhergehen, sondern auch – völlig anders als das, was man eigentlich erwartet –, daß psychologische Veränderungen festzustellen sind, wie eine verschärfte Wahrnehmung des Meditationsobjektes, angenehme Gefühle und Wohlbefinden und eine Loslösung von der Umwelt und den eigenen Sorgen. (Von diesen Zuständen weiß man im Westen heutzutage weitaus mehr als noch vor einer Generation.)

Auf der Stufenleiter der meditativen Möglichkeiten sind dies noch relativ bescheidene Erfolge. Es gibt weitere, zum Beispiel das Auftauchen merkwürdiger Empfindungen oder eines Lichtes; zu den Erfahrungen gehören sogar sehr komplexe Visionen. Diese Effekte können in manchen Systemen selbst zum Objekt der Meditation werden oder überhaupt das Ziel der Übung darstellen.

Da meditative Erfahrungen so völlig subjektiv sind, scheint es schwierig, eine Sprache zu finden, in der man objektiv und wertfrei davon berichten kann. Nichtsdestoweniger finden sich in buddhistischen Texten detaillierte Beschreibungen einer ganzen Reihe von Meditationszuständen, die ungefähr den in einigen Yogatexten beschriebenen entsprechen. Und dieses buddhistische Schema hat für uns den Vorteil, relativ zuverlässige Beschreibungen der Zustände und Erfahrungen während der Meditation zu geben, Beschreibungen, die die Meditation in einem beliebigen System beschreiben könnten. Ja, dieses buddhistische Schema ist so frei von jeglichem Dogma, daß es von westlichen Psychologen übernommen wurde, um das Phänomen Meditation ganz allgemein zu beschreiben.

Dieses Schema ist das der vier Versenkungsstufen (*jhāna*), eine Reihe von zunehmend tieferen Meditationszuständen. In der ersten Versenkungsstufe löst sich der Meditierende von allem, was ihn umgibt, wenngleich er noch fähig ist zum Nachdenken und Erfassen; seine Aufmerksamkeit gilt einzig dem Objekt der Meditation. In diesem Zustand empfindet er körperliches Wohlbefinden und Glücksgefühle, die mit einer solchen entspannten Konzentration einhergehen. In diesem Geisteszustand berühren den Meditierenden weder unerfülltes Verlangen noch Ärger, noch Trägheit, noch Zweifel oder Unruhe.

In der zweiten und dritten Versenkungsstufe hört der Meditierende allmählich mit dem Denken völlig auf, versenkt sich immer weiter in das Objekt der Meditation und transzendiert mit Hilfe dieser zunehmenden Konzentration und Vereinfachung auch sein Wohlbefinden und seine geistigen Glücksgefühle. Er ist allein von dem Objekt der Meditation erfüllt. In der vierten Versenkungsstufe schließlich ist der Meditierende sich nur noch des Objekts und eines bleibenden Gefühls von Gleichmut bewußt, jenseits von Schmerz oder Freude. Von seinem Standpunkt aus gesehen könnte man sogar sagen, daß er mehr und mehr *selbst* zum Objekt der Meditation geworden ist, denn in seinem Bewußtsein gibt es kaum noch etwas außer der bloßen Tatsache seiner starken Konzentration, der »Eins-Gerichtetheit«. Diese vier Versenkungsstufen sollten mit der Zeit eine besondere Rolle in dem von Buddha entwickelten Ausbildungssystem spielen, wo sie spezifische, nützliche Fertigkeiten bei der Steuerung der eigenen Erfahrung darstellen.

Neben den Versenkungsstufen gab es jedoch weitere meditative Fertigkeiten, die Meditationsbereiche (*āyatana*). Diese werden in der buddhistischen Literatur zwar relativ abstrakt und farblos beschrieben, aber in den Yogasystemen, in denen sie entstanden, sah man in ihnen wohl so etwas wie Orte oder Sphären im unsichtbaren spirituellen Kosmos. Sie zu erreichen stellte man sich vielleicht sogar als eine Art Sternenreise vor. Es gibt in der spirituellen Kosmographie der *Upanishaden* und Yogatexte Hinweise auf derartige Regionen, und die buddhistischen Beschreibungen anderer Yogasysteme deuten auch darauf hin. In der späteren buddhistischen Kosmographie waren es sogar von Göttern bewohnte, spirituelle Bereiche. Selbst ihre Erwähnung in der abstrakten, frühbuddhistischen Darstellung läßt durchscheinen, daß sie im Gegensatz zu den Versenkungsstufen keine allgemeine Beschreibung von Meditation sind, die auf eine ganze Reihe von Meditationstheorien, -zielen und -techniken zutreffen könnte. Vielmehr sind sie nicht zu trennen von einer ganz speziellen Sichtweise der Topographie der unsichtbaren Welt. Das ist nicht überraschend, denn wenn ein Meditierender erst einmal die Welt des täglichen Lebens energisch beiseite gerückt hatte, ersetzte er sie für sich wahrscheinlich durch eine Karte des Territoriums, in das er nun vorgestoßen war.

Im buddhistischen Schema der Meditationsbereiche werden diese Zustände erreicht, indem man die »Vielfalt der Wahrnehmung« hinter sich läßt, ein Ausdruck, der nicht ganz eindeutig ist, aber wohl besagen will, daß bestimmte, zum Objekt der Meditation gehörende Eigenschaften transzendiert werden, so daß der Meditierende zwar weiterhin bei Bewußtsein bleibt, es aber kein klares, festumrissenes Objekt des Bewußtseins mehr gibt. Das wird am ersten Zustand dieser Art deutlich, dem »Meditationsbereich der Raumunendlichkeit«. Hier ist sich der Meditierende einer Ausdehnung bewußt, aber ohne ein Gefühl der Begrenzung oder der Beschaffenheit dieser Ausdehnung. Sie geht tatsächlich ins Endlose. Im zweiten Meditationsbereich, der »Bewußtseinsunendlichkeit«, ist sich der Meditierende nur seines eigenen Bewußtseins bewußt, aber ohne ein endliches Objekt des Bewußtseins. Im dritten Meditationsbereich denkt der Meditierende: »Dort ist überhaupt nichts.« Dieses Bewußtsein wird in späteren, ausführlicheren buddhistischen Texten mit dem Gefühl beschrieben, das man hat, wenn man ein Zimmer betritt und niemanden darin vorfindet – man ist sich nicht bewußt, *wer* nicht da ist, sondern nur, *daß* niemand da ist. Dies ist der Meditationsbereich des Nichtseins. Er kann nur im Meditationsbereich der Weder-Wahrnehmung-noch-Nicht-Wahrnehmung transzendiert werden, wo das Bewußtsein so verfeinert oder unterdrückt wird, daß der Meditierende von diesem Zustand nichts weiter wahrnimmt als nur das Bewußtsein seiner Existenz.

Ich nehme an, daß durch derartig tiefe Trancezustände einige der aufsehenerregenden Leistungen im Yoga erklärt werden können, die heutzutage in Indien bezeugt sind. Die Atmung wird fast vollständig eingestellt, der Herzschlag deutlich verlangsamt und weitere körperliche Funktionen beeinflußt. Natürlich entsprach diese moderne, westliche Beschreibung der Vorgänge nicht der Sichtweise der Yogis; genausowenig wie die ziemlich farblose Abstraktheit der buddhistischen Beschreibung. Für die Yogis war eine solche Erfahrung, die immerhin die Erfüllung ihrer Anstrengungen darstellte, in einer vielfarbenen spirituellen Landschaft angesiedelt. Dieser tiefen Meditation kam in ihren Augen höchstens noch die in den *Upanishaden* beschriebene Erfahrung nahe, wo es um das Selbst und seinen Zustand im Tiefschlaf geht. Oder man sah Parallelen zu der »Meditation ohne Eigenschaften«, die sich in einigen frühen Yogatexten des indischen Epos, dem *Maharabharata*, findet. Auf jeden Fall muß das Erreichen dieser Zustände als Beweis für die Stärke menschlicher Selbstdisziplin und Selbsttranszendenz anerkannt werden.

Dennoch verwarf der Buddha diese Zustände; oder, genauer gesagt, er verwarf die Beteuerungen der Yogalehrer, daß diese den Höhepunkt des spirituellen Lebens darstellten. Warum? Eine erste Annäherung an eine Antwort findet sich im *Sallekha Sutta* (M I 40–46), der Schrift über das »völlige Auslöschen«. Dort umreißt der Buddha die Meditationszustände, sowohl die Versenkungsstufen als auch die Meditationsbereiche, und bezeichnet sie alle als »Orte der Besinnung« und als »beschauliche Wohnstätten im Hier und Jetzt«. Diese werden jedoch unterschieden von dem »völligen Auslöschen«, das heißt der völligen Erlösung von den Leiden der Geburt und des Todes, welches man erreicht, indem man dem kunstvollen Pfad folgt, den der Buddha nach seiner Erleuchtung verkündete. Von seinem Standpunkt aus gesehen sind die Meditationszustände aus zwei Gründen ungeeignet. Erstens sind sie *lediglich* vorübergehende Zustände, *nur* Wohnstätten im Hier und Jetzt. Diese Kritik wird an anderer Stelle (M III 243–245) noch deutlicher wiederholt; dort stellt der Buddha fest, daß der Meditationszustand, auch wenn der geschulte Meditierende ihn über lange Zeit beibehalten kann, dennoch nicht von Dauer ist, sondern letzten Endes wieder gelöst wird. Und ein weiteres Mal (M III 236–237): Ein Meditierender, der glaube, mit Hilfe dieser Zustände endgültige Loslösung erfahren zu haben, tue in Wirklichkeit etwas ganz anderes, er haste nämlich sinnlos zwischen »Unwohlsein« (dem normalen Bewußtsein) und »dem körperlichen Wohlbefinden des Alleinseins« oder bestenfalls zwischen »der geistigen Freude [der Meditation]« und »dem [bloßen] Gefühl der Weder-Freude-noch-Schmerzen« hin und her. Mit anderen Worten, obwohl diese Meditationsarten vorübergehende, sogar lang anhaltende Loslösung ermöglichten, führten sie doch nicht zu einer gänzlichen Vernichtung des Leidens. Man tauche am Ende nur wieder auf, und nichts habe sich verändert.

Zweitens, in der Abhandlung über das völlige Auslöschen wird impliziert, daß solche meditativen Fertigkeiten – verglichen mit der Abgerundetheit des Lehrsystems des Buddha nach seiner Erleuchtung – eindimensional und beschränkt sind und die geistige und moralische Entwicklung unberührt lassen. Wir können das an Hand einer Analogie aus der Bergsteigerei verdeutlichen: Auch wenn die bei einem solchen Unternehmen entwickelten Fähigkeiten und geistigen Eigenschaften der Weiterentwicklung des Charakters förderlich sein können, ist dies keineswegs immer der Fall. Mut und Ausdauer können zu unmoralischen und zerstörerischen Zwecken eingesetzt werden. Obwohl sich der Buddha also die Meditationsfertigkeiten angeeignet hatte, boten sie ihm doch keine Loslösung vom normalen Alltagsleben.

Es ist jedoch wichtig, sich genau anzusehen, was der Buddha verwarf. Auf der einen Seite wies er die Behauptung der Yogalehrer zurück, daß bestimmte Fertigkeiten zur endgültigen Loslösung führten. Auf der anderen Seite aber billigte er implizit, daß Meditation in gewisser Hinsicht das spirituelle Werkzeug par excellence ist. Vor allem die Versenkungsstufen werden in seinen Diskursen als äußerst nützliche Fertigkeiten angesprochen. Ein Meditierender, der über sie verfügte, sei zu außergewöhnlicher Konzentration fähig; für ihn bleibe »Gleichmut, geläutert und frei von Verunreinigungen, sanft, gefügig und strahlend« (M III 243) so wie Gold, das vom Goldschmied geschmolzen und gereinigt werde, bevor es zu einem Schmuckstück geformt wird. Dieser konzentrierte Gleichmut – der natürlich nicht nur den buddhistischen Meditierenden möglich ist – diene dann dazu, das endgültige Ziel des spezifisch buddhistischen Erwachens und Loslösens zu erreichen.

Die endgültige Meinung des Buddha über die Meditationsbereiche läßt sich schwerer bestimmen. Auf der einen Seite werden sie mehr als einmal, in über den ganzen Kanon verteilten Abschnitten, als Leistungen erwähnt, die der endgültigen Loslösung sehr nahekommen. Ja, wenn man nur einen Schritt weiterginge, könnte man durch ein wenig mehr Bemühen die »vollständige Aufhebung dessen, was man wahrnimmt und fühlt«, erreichen. Im großen und ganzen macht der Kanon aber deutlich, daß diese »vollkommene Aufhebung« noch keine endgültige Erlösung bedeute, denn dafür bedürfe es zusätzlich einer geistigen und emotionalen Veränderung, des Erwerbs buddhistischer Weisheit. Der Buddha war offensichtlich bereit, viele Wege zur Loslösung anzuerkennen, selbst die, denen seiner Yogalehrer gar nicht so fern standen; aber das endgültige Ziel mußte immer noch durch einen ganz andersartigen Schritt erreicht werden, eine Veränderung in der Art des Denkens und Fühlens und nicht in der Quantität des meditativen Bemühens.

Der Nutzen der Darstellung der Begegnung des Buddha mit den Yogis reicht jedoch noch weiter, denn es wird dort erkennbar, welche positive und kreative Richtung der Buddha einschlagen sollte. Dies läßt sich aus den Begriffen ersehen, mit denen die Yogis kritisiert werden: der Buddha findet nämlich nicht ihre Theorie unzureichend – obwohl Theorien, die den ihren sehr ähnlich gewesen sein müssen, an vielen Stellen in seinen Texten angegriffen werden – sondern ihre Praktiken. Unabhängig davon, wie für sie der geistige Kosmos aussah, in den ihre Meditationstechniken eingebettet waren, werden die Yogis kritisiert, weil ebendiese Techniken unzureichend waren. Auf der einen Seite zeigt dies, daß der Buddha dabei war, seine eigenen Formen der Meditation zu entwickeln, neben denen Methoden wie die Versenkungsstufen einen untergeordneten Platz einnehmen würden. Auf der anderen Seite deutet es auf das Entstehen einer bleibenden Einstellung hin, die dem Mann ebenso tief innegewohnt haben muß wie seinen Lehren, eine Einstellung, die man als hartnäckig-disziplinierten Pragmatismus bezeichnen könnte. Welche Lehren und Praktiken der gutausgestattete Markt altindischen Denkens ihm auch bot, er übernahm sie nur, wenn sie sich in seiner eigenen Erfahrung als nützlich erwiesen hatten.

Die Bedeutung dieser Einstellung wird verständlich, wenn wir uns das Umfeld des Buddha anschauen. Jahrhunderte später erkannte Indien bestimmte Autoritäten oder Kriterien gültigen Wissens an, mit denen spirituelle Wahrheit geprüft werden konnte, und diese Kriterien gab es implizit schon zu Lebzeiten des Buddha. Eines dieser Kriterien war ganz einfach, ob eine Lehre in den brahmanischen Schriften, einschließlich der *Upanishaden*, angesprochen wurde; und offensichtlich war der Buddha nicht gewillt, diese in seinen Augen anmaßende, fremdländische Tradition zu akzeptieren. Eine zweite Autorität, von der der Buddha Abstand nahm, war das Zeugnis erhabener, inspirierter Lehrer der Vergangenheit, das sich einzig auf ihre übermenschliche Erfahrung gründete. Denn der Buddha besaß genug Selbstvertrauen, bis hin zur Aufsässigkeit, um überzeugt zu sein, daß er, falls die Frage des Leidens einmal gelöst werden sollte, sie selbst lösen könnte; und schließlich waren diese Lehrer nicht durch Jahrhunderte von ihm getrennt, in denen ihr Wissen unumstößliche, übermenschliche Autorität angenommen haben mochte, sondern standen in Fleisch und Blut vor ihm und beharrten darauf, daß er selbst ihr Wissen und die befreiende Frucht dieses Wissens erfahren könne. Eine dritte Autorität, die reiner Argumentation oder Schlußfolgerung, war ihm vielleicht nicht zugänglich, weil er sich schon für die Meditation entschieden hatte. Daher verließ er sich ganz auf ein viertes Kriterium, das des unmittelbaren persönlichen Wissens, unmittelbarer persönlicher Erfahrung, »des unmittelbaren Dabeiseins im Hier und Jetzt«. So wie der Buddha es ausdrückt, scheint dieses Kriterium so einleuchtend und vernünftig, daß wir kaum annehmen können, er habe es erfunden, aber er war der einzige, der darauf bestand, es strikt und ausschließlich anzuwenden.

Die Auswirkungen dieser Einstellung ziehen sich durch die gesamte Lehre des reifen Buddha. »Wisset nicht durch Hörensagen, noch durch Tradition ... noch durch Hingabe an die Spekulation ... noch weil ihr einen Asketen [sein Wort] ehrt; wisset vielmehr durch euch selbst« (A I 189). Die Mönche des Buddha durften weder über Zukunft oder Vergangenheit spekulieren, noch über so abstruse Fragen wie Anfang oder Ende der Welt. Sie sollten ihre Bemühungen und Anstrengungen auf eine Sache beschränken, nämlich die Entstehung und Beendigung des Leidens in »diesem Leib von sechs Fuß Länge«. Es gebe viele Arten des Wissens, stellte der Buddha fest, aber nur diejenigen, die diese unmittelbare Erfahrung berührten, waren für seine Schüler auf ihrer Suche nach Erlösung von Relevanz.

Bei seiner eigenen Suche bedeutete dieser Pragmatismus jedoch nicht, daß der Buddha sich blindlings allein auf Meditationspraktiken beschränkte. Er veranlaßte ihn auch, mit Nachdruck die Art von Theorien zu verwerfen, die die Praktiken seiner Yogalehrer begleitet haben mußten. Dies ist keineswegs überraschend, denn hinter bestimmten Meditationspraktiken müssen ja auch bestimmte Theorien stehen, die den Zweck der Praktiken, die menschliche Konstitution und deren spirituelle Umgebung erklären, und wenn die Techniken nicht zum Erfolg führen, dann müssen auch die Theorien in Zweifel gezogen werden. Wir wissen natürlich nicht, wie die Theorien seiner Lehrer aussahen, aber wir können mit ziemlicher Sicherheit davon ausgehen, daß sie zur Schule der Yoga/*Upanishaden* gehörten. Außerdem wird aus den Texten, in denen der Buddha diese Theorien angreift, ersichtlich, daß sie einige Gemeinsamkeiten aufwiesen. Alle Theorien befaßten sich mit dem Selbst (Sanskrit *ātman*), der Seele, wenn auch die für das innewohnende persönliche Prinzip benutzte Bezeichnung sich von System zu System unterschieden haben wird.

Hier ging es um die dem Yoga eigentümliche Konzeption von Wissen. Denn das in diesen Systemen verbreitete Wissen des Selbst unterschied sich von Grund auf von anderen Arten des Wissens. Im Yoga ist der Wissende (das Selbst) mit dem Gewußten (dem Selbst) gleichzusetzen, und diese sind wiederum gleichzusetzen mit der Geistesverfassung des Wissenden.

Um dies richtig zu verstehen, sollten wir ein Beispiel für normales Wissen heranziehen, zum Beispiel das eines Goldschmieds. (Der Buddha selbst verwendet häufig Beispiele dieser Art, da diese schon von der ihm eigentümlichen pragmatischen Denkweise geprägt sind.) In diesem Fall ist völlig klar, daß sich der Wissende, der Goldschmied, von Natur aus von dem unterscheidet, was er weiß. Als Kunsthandwerker und als wissendes Subjekt muß er eindeutig von seinem Wissen über Gold, seine Eigenschaften und Verwendungszwecke, und von den Fertigkeiten, mit denen Gold verarbeitet werden kann, getrennt werden. Es ist zwar richtig, daß er ohne sein Wissen ein ziemlich schlechter Goldschmied wäre, aber trotzdem kämen wir normalerweise nicht auf die Idee, ihn mit seinem Wissen gleichzusetzen. Der Mann ist eine Sache, das Wissen eine andere.

Auch kämen wir nicht auf die Idee, die Geistesverfassung des Goldschmieds mit dem Goldschmied selbst gleichzusetzen. Ein Goldschmied kann zornig oder erregt sein, gelassen oder aufmerksam, und wäre doch immer noch ein Goldschmied. Und ebensowenig würden wir seine Geistesverfassung mit seinem Wissen vermengen. Ob zornig oder gelassen – er würde immer noch über sein Wissen des Goldschmiedens verfügen. Im Fall des Goldschmieds sind der Wissende, das Gewußte und die Geistesverfassung klar getrennte Dinge, auch wenn sie in einem Goldschmied vereinigt sind.

Aber das introspektive Wissen, die Erkenntnis des Selbst im Yoga sieht völlig anders aus. Denn dort ist, erstens, der Wissende dasselbe wie das Gewußte: Das Selbst, die Seele, das, was gewußt und erkannt werden kann, ist dasselbe wie das wissende, erkennende Ich. In *Upanishaden*-Texten, die diese Auffassung vertreten, wird nicht zwischen Ich und Selbst unterschieden. Sein Ich zu »erkennen« bedeutet auch, zu seinem Selbst zu »gelangen« oder es zu »werden«. Genau hier findet sich die Macht der Vision der *Upanishaden*: indem der Sehende, das Subjekt der Erkenntnis, einen Zustand erreicht, in dem er nur sich selbst, das Selbst sieht. Es ist eine Vision der radikalen Einfachheit, von der perfekten Selbst-Identität des Selbst. »Darin [im Selbst] gibt es keine Vielfalt« (B IV 4 19). Um zu diesem Selbst zu gelangen, muß der Yogi sich lediglich nach innen wenden.

Diese radikale Vereinfachung hat noch andere Auswirkungen. Da es keine Dualität von Wahrnehmendem und Wahrgenommenem gibt, gibt es auch keine wahrnehmbaren oder analysierbaren Eigenschaften beim Selbst (B IV 4 13). Wenn zum Beispiel durch Meditation zum Selbst als (meditativer) Glückseligkeit – wie es unter anderem in den *Upanishaden* formuliert wird – gelangt werden soll, dann ist das Selbst vom Standpunkt des Meditierenden aus identisch mit Glückseligkeit. Die Glückseligkeit läßt sich nicht vom Selbst trennen. Oder wenn das Selbst, zu dem gelangt werden soll, das »Selbst ohne Eigenschaften« ist (in einem, wie die Buddhisten es vielleicht nennen würden, Meditationsbereich), dann gibt es keine Geistesverfassung »ohne Eigenschaften«, die sich vom Selbst trennen läßt; denn im Selbst gibt es »keine Vielfalt«. Dies ist vom Yogi aus gesehen durchaus einleuchtend, denn wenn er einen Zustand der Meditation erreicht hat, kann er genau dieses Gefühl haben, *selbst* zum Objekt der Meditation, der völligen Vereinfachung seiner Erfahrung, zu werden.

Darüber hinaus impliziert eine solche Erfahrung radikaler Vereinfachung auch die Unwandelbarkeit des Selbst: denn da das Selbst eine vollkommene Einheit bildet, ist unvorstellbar, daß es sich verändert, alte Eigenschaften ablegt und sich neue aneignet. In der Tat könnte das »Selbst ohne Eigenschaften« schon per definitionem nie als veränderbar dargestellt werden. Und unwandelbar heißt ewig. Die Antwort des Buddha darauf lautete, daß diese Meditationszustände, gerade weil sie irgendwann wieder enden, nicht ewig sein können. Aber für einen Meditierenden, der davon überzeugt war, daß das von ihm Gesuchte ewig war, bestätigte schon die in der Meditation erreichte Erfahrung von Stabilität und Vereinfachung seinen Glauben an die Ewigkeit. Genauso bestätigte sie den Glauben daran, daß dieses ewige, unwandelbare, radikal vereinfachte Selbst jenseits der Welt von Ursache und Wirkung lag, ungeschaffen, »ungeboren« (B IV 4 20). Es konnte nicht analysiert oder in seine Bestandteile zerlegt werden (B IV 4 13). Für ihn war es der allumfassende und undifferenzierte »Grund des Universums« (*Brahman*).

Kurz gesagt, das Selbst ist ein ewiges, nahtloses Ganzes, selbstidentisch, jenseits von phänomenologischen Erscheinungen und nicht analysierbar, kann jedoch durch Yogameditation erreicht und erfahren werden. Diese Vision war von großer Überzeugungskraft, vielleicht gerade weil sie die Vielfalt und mögliche Unklarheit der normalen Erfahrung beiseite ließ und mit einem Schlag eine überaus einfache Sicht der absoluten Wirklichkeit bot. Jeder beliebige Teil dieser Vision – die Erfahrung von Tiefenmeditation, die Frage danach, was sich jenseits der leidensvollen Welt der Erscheinungen befindet, oder die Beschaffenheit der Selbsterkenntnis – leitet unweigerlich zu den anderen Teilen weiter. Da nimmt es nicht wunder, daß diese Vision trotz der Bemühungen des Buddha weiter florierte und sich im hinduistischen Indien ausbreitete.

Sobald jedoch ein Teil ins Wanken gerät, bröckelt bald das ganze Gebäude. Wir können an Hand eines Textes, in dem der Buddha auf die Fragen des Asketen Poṭṭhapāda antwortet (D I 185 ff.), rekonstruieren, wie seine pragmatischen Überlegungen zur Meditation den Buddha veranlaßten, die Theorien vom Selbst zu verwerfen. Wenn – und hier wird der Faden bei der Erfahrung der tiefen Meditation wieder aufgenommen – der Meditierende in der Lage ist, das Selbst unmittelbar zu sehen und Erkenntnis davon zu gewinnen, könnte man, wie Poṭṭhapāda es tat, die Frage stellen, ob zuerst die Verfassung der Tiefenmeditation entsteht und erst danach die dieser Verfassung gemäße Erkenntnis vom Selbst, oder ob die Erkenntnis vom Selbst zuerst kommt und dann erst die Verfassung, oder ob beide gleichzeitig entstehen. Das heißt, konnte Poṭṭhapāda erwarten, einen Zustand der Meditation zu erreichen, und dann versuchen, das Selbst zu finden, oder ginge das Erreichen des Zustandes automatisch einher mit dem Erreichen des Selbst?

Darauf antwortete der Buddha sehr plausibel, daß ein besonderes Bewußtsein oder eine besondere Verfassung zuerst entsteht und anschließend die zu diesem Bewußtsein gehörende Erkenntnis. Hier spricht der meditative Pragmatismus des Buddha. Denn der geschulte Meditierende, der gelernt hat, dieses Bewußtsein zu erreichen, »weiß, daß ein solches Bewußtsein durch diese oder jene Bedingungen in mir entstehen konnte«. Die praktischen

Fertigkeiten des Meditierenden liegen darin, auf die Ursachen und Bedingungen in sich selbst einzuwirken, die zu immer weiter verfeinerten Bewußtseinszuständen führen. Seine Erkenntnis des Selbst beruht auf dieser Leistung und auf dem dazugehörenden praktischen Wissen über introspektive Psychologie.

So viel werden die Yogalehrer schon zugegeben haben, denn immerhin besteht jedes Meditationssystem zu einem beträchtlichen Teil aus Übung und Fertigkeiten und der dazugehörenden praktischen Anleitung. Sobald dies aber zugegeben wird, gerät das ganze Yogasystem ins Wanken. Denn aus dieser radikal praktischen Sicht kann der Meditationszustand, der durch die Schulung des Yogi verursacht und konditioniert wird, nicht gleichzusetzen sein mit einem nicht-verursachten, ungeborenen, unanalysierbaren Selbst: der Zustand selbst ist durchaus analysierbar und wird ganz offensichtlich durch irgend etwas verursacht.

In dem Text spinnt der Buddha seine pragmatischen Gedanken weiter. Poṭṭhapāda stellt wieder eine Frage: »Ist das Bewußtsein oder die Geistesverfassung dasselbe wie das Selbst, oder sind das Selbst und das Bewußtsein verschiedene Dinge?« Daraufhin antwortet der Buddha mit einer Gegenfrage: »Aber was ist das Selbst, an das zu glauben du kundtust?« Hinter dieser Frage steht die Tatsache, daß es, obwohl die Selbst-Theorien aus der Sicht des Buddha in ihrer Grundform übereinstimmten, offensichtlich viele Varianten gab. Unterschiedliche Theorien siedelten ihre Version des Selbst unter Umständen in recht unterschiedlichen spirituellen Landschaften an, oder die eine Theorie vertrat eine Lehre, in der mehrere, zunehmend verfeinerte Selbste zu einem letzten, höchsten Selbst hinführten. Daher bot Poṭṭhapāda zunächst dies an: »Ich bekenne mich zu einem ma-

teriellen Selbst, das eine bestimmte Form hat, das aus
den vier Elementen besteht und von fester Nahrung ge-
nährt wird.« Darauf erwidert der Buddha: »Wenn es ein
solches materielles Selbst gäbe, dann wären Geistesverfassung und Selbst verschieden; ... denn selbst wenn
man davon ausgeht, daß es ein solches Selbst gibt, würden doch einige Geistesverfassungen entstehen und andere vergehen.« Als Poṭṭhapāda es dann anders versucht
und zunächst ein Selbst vorschlägt, das nicht aus Mate-
riellem, sondern aus Geistigem besteht, sodann eines,
das nur aus Bewußtsein besteht, wiederholt der Buddha
seine Argumentation; das so beschaffene Selbst müsse
eines sein, die Geistesverfassung oder der Bewußtseins-
zustand ein völlig anderes. Der Grund dafür liegt auf der
Hand: Nach der Definition im Yoga muß das Selbst, ob
es nun materiell oder immateriell ist oder aus Bewußtsein besteht, ewig, unveränderbar und unabhängig von
den Ursachen und Bedingungen dieser Welt sein. Dagegen spricht jedoch die Tatsache, daß in der meditativen
Erfahrung Bewußtseinszustände kommen und gehen,
wofür der Meditierende selbst die Gründe kennt, die er
bis zu einem gewissen Grad auch kontrolliert. Also können auf jeden Fall die Bewußtseinszustände nicht ewig
sein und müssen sich daher vom ewigen Selbst unter-
scheiden.

Dem Buddha half bei dieser Beurteilung die Anwendung eines Begriffes, den er in seinen Wortschatz aufnahm und verinnerlichte. Die Wurzel dieses Wortes
(*saṃkhata*) bedeutet soviel wie »zubereitet« oder »zusammengesetzt«. Es deckt jedoch ein weiteres Feld ab als
»zubereitet« und hat zwei Bedeutungen, die hier relevant sind: es bedeutet »gewollt« oder »beabsichtigt« und
daneben auch »verursacht« oder »bedingt«. Meditationszustände sind *saṃkhata*. Sie werden durch den Willen

oder die Absicht des Meditierenden erreicht, und das bedeutet auch, daß sie verursacht und bedingt sind. Sie sind auf gewisse vorausgehende Ursachen zurückzuführen und hängen davon ab, daß bestimmte gleichzeitige Bedingungen erfüllt sind. Sie sind also keineswegs »ungeboren« oder unabhängig von den Umständen.

Man könnte spekulieren, daß der Buddha seine Untersuchungen der Meditation zum damaligen Zeitpunkt seiner Begegnung mit den Yogalehrern an dieser Stelle abbrach, aber in seinen späteren Lehren nimmt er ihre Theorie des Selbst weiter auseinander; und zwar derart, daß er sie vollständig verwerfen und an ihre Stelle die typisch buddhistische Doktrin des Nicht-Ich, *anatta*, setzen konnte, die Abwesenheit eines ewigen, unabhängigen Selbst, ob nun im normalen Bewußtsein, im Meditationszustand oder sonstwie. Diese Lehre war mit seinem Denken über Ethik und Psychologie gut vereinbar. In seiner ausgereiften Lehre ist dieses ewige Selbst überhaupt nicht nachweisbar, und jene, die daran glauben, werden mit einem Mann verglichen, der sagt, daß er die schönste Frau im ganzen Land liebe, aber weder ihren Namen noch ihre Familie oder ihr Aussehen kenne (D I 193).

Mit anderen Worten, dieses ewige Selbst ist ein Produkt von Spekulationen, falsch verstandener meditativer Erfahrung oder Hörensagen. Der Buddha war bereit, die Existenz eines Selbst anzuerkennen, aber dieses Selbst war lediglich »ein Terminus, eine gemeine Wortgestalt, ein weltlicher Gebrauch, eine praktische Benennung« (D I 202). Man könnte ohne weiteres sagen »kenne dich selbst«, würde dabei aber nicht von der Existenz eines ewigen Wesens ausgehen. Der Buddha stellte eine Analogie zur Milch auf. Aus Milch kann Quark werden oder Butter, aber es wäre unsinnig, von einer bleibenden Einheit (der Milchheit?) zu sprechen, die diese Veränderungen überdauere: Milch ist nur Milch, Butter nur Butter. Der britische Wissenschaftler T. W. Rhys Davids drückte es folgendermaßen aus:

> Wenn die Veränderung (in der Zusammensetzung der Persönlichkeit) einen gewissen Punkt erreicht hat, bietet es sich an, den Zweck, den Namen zu ändern, unter denen diese Persönlichkeit bekannt ist – genau wie bei den Produkten der Kuh. Der abstrakte Begriff ist aber nur eine zweckmäßige *Art des Ausdrucks*. Es gab niemals durchgängig eine Persönlichkeit *als gesondertes Wesen*.

Wenn wir also sagen: »Ich fühle mich heute nicht ganz wie ich selbst«, spielen wir damit auf eine wichtige Wahrheit über die menschliche Natur an.

Dies ist eine schwierige Lehre und eine mutige, denn sie führte in ein – zur Zeit des Buddha – noch unerschlossenes Gelände. Eine der Schwierigkeiten besteht im rein intellektuellen Verständnis. Als der Buddha eine neue Methode der Meditation entwickelte, war sie darauf ausgerichtet, das Ich des Meditierenden bis ins kleinste zu analysieren. Mit Hilfe dieser Methode konnte man sehen, wie das Ich »zusammengesetzt« war, gebildet aus vorausgehenden Ursachen und sich nährend aus gleichzeitigen Bedingungen. Die Lehre ist in ihren Details von beachtlicher Komplexität, vom Grundprinzip her jedoch sehr einfach. So wie Milch sich zunehmend verändert, so verwandelt sich das von uns erfahrene Ich fortwährend aus unterschiedlichen Gründen.

In Wirklichkeit ist jedoch nicht das intellektuelle Verstehen das Schwierigste, sondern die emotionale Plausibilität. Man könnte erschreckt fragen: Wie soll ich mit meinem ausgeprägten Selbstverständnis akzeptieren, daß ich kein Ich habe? Die intellektuelle Antwort lautet, daß man ein Ich hat, aber kein ewiges Selbst. Die emotionale Antwort ist jedoch wichtiger. Da jeder Versuch, ein ewiges, unveränderliches Selbst zu erlangen oder zu erfahren, nach Ansicht des Buddha zum Scheitern verurteilt war, beschwor die Lehre des Selbst nur weiteres Leiden herauf: »Dies [die Lehre des ewigen Selbst] ist lediglich eine Empfindung, ein Winden in Unbehagen jener ehrwürdigen Asketen und Brahmanen, die weder wissen noch sehen und die Opfer des Verlangens [nach einem solchen Selbst] geworden sind« (D I 40–41). Eine solche Lehre aufzugeben, bedeutete also, eine mächtige Quelle der Enttäuschung aufzugeben. Die Lehre vom Nicht-Ich war in einem Ton ruhiger Distanz und Befreiung abgefaßt. Eine Befreiung, die den vergeblichen Kampf jener transzendierte, die sich »wie ein an einen Pfosten festgebundener Hund« um ein Selbst drehen (M II 232–233).

Aber kehren wir zunächst zu dem Punkt zurück, an dem Buddha bewußt wurde, daß diese Meditationssysteme des Yoga zu wandelbaren Bewußtseinszuständen führten, die gerade nicht ihrem erklärten Ziel, dem ewigen Selbst, entsprachen. Aus dieser Schlußfolgerung ließen sich zwei weitere ableiten. Einmal, daß es tatsächlich kein ewiges Selbst gibt, und diesen Weg schlug der Buddha schließlich ein. Und andererseits, daß das Selbst existiert, aber nicht durch Yoga erreicht werden kann. Eine andere Disziplin könnte dies jedoch vollbringen, und es gab eine solche Disziplin: die Methode der Selbstfolterung und der extremen Askese, die wir am besten durch den Jainismus kennen. Dort wird davon ausgegangen, daß das ewige Prinzip im Individuum, genannt *jīva*, das Belebte, in der Welt des Leidens aufgrund der Vergehen

in früheren Leben gefangengehalten wird, und diese
Vergehen haften wie Schmutz an der Seele. Indem man
weitere Vergehen vermeidet, weicht man einem weiteren
Angebundensein an die Welt des Leidens aus, und durch
Selbstkasteiung und freiwillige Buße brennt man die
Folgen früherer Vergehen von der Seele weg, so daß sie
sich zu Glückseligkeit und ewiger Freiheit von Schmerzen erheben kann. Es besteht keine Notwendigkeit zur
Meditation oder zur Anwendung introspektiven Wissens, obwohl diese Theorie wahrscheinlich wie der Jainismus davon ausging, daß Wissen, ja Allwissenheit, sich
auf magische Weise nach der erfolgreichen Durchführung einer solchen Askese einstellen würde.

Nachdem der Buddha also Uddaka Rāmaputta, den
Yogalehrer, verlassen hatte, begann er mit Selbstkasteiung, und die kanonischen Texte lassen keinen Zweifel
daran, wie ernsthaft seine Bemühungen waren. Er stellte
das Atmen vollständig ein, so daß »wilde Winde mir den
Kopf marterten ... und wilde Winde mir in den Bauch
schnitten, wie ein Metzger ... den Bauch eines Ochsen
mit einem scharfen Messer zerschneidet« (M I 244).
Gottheiten, die vorbeikamen, hielten ihn für tot. Dann
beschränkte er die Nahrungsaufnahme auf eine Handvoll Essen täglich, so daß »mein Rückgrat sich deutlich
abzeichnete wie ein geknoteter Strick, meine Rippen
hervorstanden wie die Dachsparren an einem alten Kuhstall und das Licht meiner Augen tief unten in die Au-
genhöhlen zurücksank und dem Glitzern des Wassers
tief unten in einem Brunnen glich« (M I 245). So groß
waren die Auswirkungen seiner Entbehrungen auf seine
helle Hautfarbe, daß Vorübergehende ihn für einen
Schwarzen hielten. Durch das extreme Ausmaß seiner
Anstrengungen kam der Buddha zu dem Schluß: »Was
immer Asketen und Brahmanen in Vergangenheit, Ge-

genwart oder Zukunft an schmerzhaften, marternden, schneidenden Gefühlen empfunden haben – an dieses reichen sie nicht heran« (M I 246).

Er kam jedoch ebenfalls zu dem Schluß: »Selbst durch diese harte Askese habe ich doch keineswegs jene höchste Erkenntnis jenseits des normalen Menschseins erreicht, die jenen angemessen ist, die wahrhaftig (geistig) edel sind.« Oder, anders gesagt, außer hervorstehenden Rippen hatte er nichts vorzuzeigen. »Es muß einen anderen Weg zur Weisheit geben.«

In der traditionellen Darstellung bringt dieser Schluß den Buddha an die Schwelle der Erleuchtung. Er stellt uns jedoch auch vor beträchtliche Schwierigkeiten, was die Interpretation der Quellen betrifft. Denn auf der einen Seite wird es in den Texten so dargestellt, als habe der Buddha die rettende Erkenntnis, die Gewißheit, daß »die Geburt erschöpft, das Leben des Asketen vollendet ist, und was vollbracht werden mußte, vollbracht wurde« (M I 249), in relativ kurzer Zeit erreicht. Die Erleuchtung soll sogar im Laufe einer Nacht geschehen sein. Es ist jedoch schon offensichtlich geworden, daß der Weg des Buddha zur Erleuchtung lang und kompliziert war; er führte über verschiedene Stationen, bis der Buddha eine annehmbare Sicht seiner selbst und der Welt entwickelt hatte. So wurde es in späteren Schilderungen auch dargelegt: »So wie der Ozean sich allmählich neigt, tiefer wird, abfällt, es keine plötzlichen Felssprünge gibt, so vollziehen sich in dieser Lehre das Lernen, das Üben, der Weg allmählich, gibt es keine plötzliche Erkenntnis« (A IV 200–201).

Wie können wir diesen Widerspruch klären? Zunächst einmal müssen wir sehen, daß die rein biographischen Darstellungen sehr komprimiert sind: Sie sind Geschichten, und zwar Geschichten, die ein flottes Tempo vorlegen. Ihr Material sollte nicht nur historisch sein, sondern auch als Inspiration für spätere Schüler dienen; deshalb wurden sie auf ein übersichtliches Maß zurechtgeschnitten. Sie enthielten dramatische Spannung. Selbst wenn wir also annehmen, daß die Erleuchtung, der Moment der Gewißheit für den Buddha, sich tatsächlich innerhalb einer einzigen Nacht ereignete, so hatte diese Gewißheit doch eine lange Entstehungsgeschichte, und die Entfaltung ihrer Implikationen dauerte noch länger.

In der traditionellen Darstellung nahm der Buddha, als er die Sinnlosigkeit extremer Askese erkannte, eine normale Mahlzeit ein und setzte sich hin, um einen anderen Weg zu finden. Schließlich akzeptierte er eine noch relativ strenge Askese, die aber extreme sinnliche Freuden und Selbstfolterung vermied. Bald sollte er diese gemäßigtere Askese als den »Mittleren Pfad« bezeichnen.

Er erinnerte sich auch an einen Vorfall in der Kindheit, als er unter einem Rosenapfelbaum saß, während sein Vater auf dem Feld arbeitete. Damals war er in die erste Versenkungsstufe eingetreten, »verbunden mit losen Gedanken und gezieltem Nachdenken, mit körperlicher Freude und inneren Glücksgefühlen, in Abgeschiedenheit entstanden«. Und er erkannte, daß dies »sehr wohl der Weg zur Erleuchtung sein könnte« (M I 246).

Diese Darstellung spielt nur indirekt auf die ursprünglichen meditativen Leistungen des Buddha vor der Erleuchtung an. Diese setzten sich auf der einen Seite zusammen aus der von ihm schon länger ausgeübten Gewohnheit des meditativen Pragmatismus, aus seiner Konzentration auf das, was er um sich herum und in sich sah; und auf der anderen Seite aus seiner nun verstärkten Neigung zu Analyse und Kritik. Denn obwohl er die Yogalehre verwarf, kultivierte er doch weiterhin die bewußte Wahrnehmung geistiger und körperlicher Zustände, ein Bewußtsein, das aus der psychischen Technik des Yoga entstanden war. Wenn es unmöglich war, mit Hilfe dieser wandelbaren Erfahrungen und hinter ihnen ein bleibendes Wesen, ein Selbst, zu finden, dann war es wenigstens möglich, Einsicht in die Art jener flüchtigen psychophysikalischen Vorgänge selbst zu gewinnen. Dies war etwas, was man unmittelbar erfahren und unmittelbar verstehen konnte, und auf diese Vorgänge richtete der Buddha seine volle Konzentration und unersättliche Wißbegierde. Wenn er schon kein Selbst finden konnte, wollte er doch wenigstens Loslösung finden.

Aus seinen Bemühungen entstand eine eigenständige Meditationstechnik, die sich völlig von den Techniken der Yogis unterschied. Denn die Beschäftigung mit der unmittelbaren Erfahrung erforderte nicht nur Konzentrationskraft, sondern auch eine Art der Achtsamkeit und Selbstbeherrschung, mit Hilfe derer der Buddha tatsächlich sehen konnte, was in seinem Geist und Körper vorging. Es waren genau diese Eigenschaften, Achtsamkeit und Selbstbeherrschung (*satisampajañña*), die in den späteren Texten des Buddha gelehrt werden sollten. Sie verlangten die Fähigkeit, hier und jetzt in voller Klarheit die eigenen inneren und äußeren Zustände (und, dies weiterführend, auch die analogen Erfahrungen anderer) zu erfahren. Der bei weitem wichtigste Text für die Ausbildung seiner eigenen Schüler sollte der »Große Diskurs über die Grundlagen der Achtsamkeit« (D II 290 ff.) sein. Diese Grundlagen sind die leidenschaftslosen, unmittelbaren und klaren Wahrnehmungen des Meditierenden, was den eigenen Körper, die Gefühle, die Verfassung und die geistigen Inhalte betrifft.

Solche aufmerksamen Wahrnehmungen setzten bis zu einem gewissen Grad die Eins-Gerichtetheit und Ausgeglichenheit der Versenkungsstufen voraus, aber sie erforderten gleichzeitig die volle Bewußtmachung auch der kleinsten Wahrnehmung. Diese Betonung und Entfaltung der wachsamen und aktiven Introspektion war der einzigartige Beitrag des Buddha zu den Meditationstechniken. Aus den auf dieser Selbstbeobachtung basierenden Schlußfolgerungen sollte die Erleuchtung fließen.

Wie kann man nun seine eigenen unmittelbaren Gefühle und Einstellungen objektiv behandeln und analysieren? Liefe nicht zum Beispiel die Bemühung, Leidenschaften leidenschaftslos wahrzunehmen, dem Zweck des Beobachtens zuwider? Die Antwort auf diese Fragen findet sich in der Übung und Ausbildung, denen sich der Buddha im Verlauf seiner Suche bereits, wenn auch unsystematisch, unterworfen hatte. Bei der Durchführung von Meditationstechniken und Askese hatte sich der Buddha wiederholt in Zucht genommen, um jene Gefühle und Impulse zu ignorieren, die normalerweise eine Aktion oder eine Reaktion hervorrufen und ihn dadurch von seinem Ziel abgelenkt hätten. Er hatte Hunger und Durst ignoriert, die sein Fasten begleiteten, wie er auch jene körperlichen Schmerzen und geistigen Ablenkungen ignorierte, die mit langer, angestrengter Meditation einhergehen. Der Effekt einer derartigen, langen Selbstdisziplin besteht, wie Meditierende heute bestätigen, nicht nur darin, eine reproduzierbare Gelassenheit zu erreichen, sondern auch darin, mit alten, automatischen und unbewußten Gewohnheiten zu brechen. Normalerweise würde man ein Fasten abbrechen, um zu essen – nicht so der Asket. Normalerweise würde man eine Körperhaltung verändern, wenn sie zu unbequem wird – nicht so der Asket. Versuchen Sie einmal folgendes, um ein Gefühl für diese Art der Meditation zu erhalten: Machen Sie es sich auf einem bequemen Stuhl möglichst bequem und verharren Sie eine Stunde lang in dieser Position. Die buddhistische Prophezeiung lautet, daß Sie schon nach wenigen Minuten den Wunsch verspüren, sich an der Nase zu kratzen, mit einem Finger zu zucken oder ein Bein zu bewegen. Was wäre, wenn man diesen Drang kommen und gehen sehen könnte, ohne sich zu bewegen?

Das heißt jedoch nicht, daß die dahinterstehenden Impulse verschwinden, denn das tun sie nicht oder wenigstens nicht auf Dauer. Beim Meditierenden rufen solche Impulse einfach keine Reaktion hervor. Er ist gelassen, sein Geist ist gefügig (*kammañña*). Für eine gewisse Zeit kann er, wenn er dies will, die Impulse vollkommen ignorieren wie in einer Versenkungsstufe; aber auch seine langfristige Beziehung zu diesen Impulsen hat sich geändert, denn jetzt kann er auf sie eher wohldurchdacht als automatisch reagieren.

Und gerade weil diese Empfindungen und Impulse nicht verschwinden, kann er sich entschließen, Achtsamkeit zu üben, die fest in seiner nun zur Gewohnheit gewordenen Gelassenheit wurzelt, und er kann diese Empfindungen und Impulse beobachten und analysieren. Während normale, ungeschulte Menschen über schmerzliche oder angenehme Empfindungen und die dazugehörenden Impulse und Gefühle nur in der Ruhe der Erinnerung klar nachdenken können, wenn sie deren Auswirkungen sicher hinter sich gelassen haben, lernt der Meditierende, dies sofort zu tun, während sie auftreten. Es ist zwar so, daß der meditierende Asket durch lange Übung seine Schmerzen, Glücks- oder Dranggefühle als weniger scharf oder nachdrücklich empfindet, aber dies ändert nichts an ihrer Grundbeschaffenheit. Und auf jeden Fall kann der Meditierende immer noch sein Gedächtnis und die Beobachtungen anderer Menschen einsetzen, um zu bestätigen, daß das, was er bei seinen relativ kontrollierten Gefühlen beobachtet, auch auf weniger kontrollierte Gefühle zutrifft.

Diese neue Form der Meditation sollte später als Einsicht- oder Hellblick-Meditation (*vipassanā*) bezeichnet werden. Es war die experimentelle Methode des Buddha, sein Weg, Informationen zu sammeln, und auf diesen Informationen über seine körperlichen und geistigen Daseinserscheinungen errichtete er dann seine Analyse der menschlichen Befindlichkeit.

4

Die Erleuchtung

In den buddhistischen Ländern glaubt man, die Erleuchtung habe in einer einzigen Nacht stattgefunden, einer Vollmondnacht des Mondmonats Vesakha, April-Mai, als der Buddha unter einem riesigen Bodhi-Baum (*ficus religiosa*) saß. Mit dem Erwachen, der Erleuchtung (*sambodhi*) erlangte der Buddha erstens die Erkenntnis von der Natur der menschlichen Beschaffenheit, die zur Erlösung führen würde, und zweitens die Gewißheit, daß er selbst von nun an von den Sorgen des Menschseins befreit war. Die frühen Schriften schreiben viele – auf jeden Fall die wichtigsten – Ansichten dieser Nacht der Erleuchtung zu, so daß die Erleuchtung das Gewicht der gesamten reifen Lehre des Buddha zu tragen hat. Auch wenn man dies nicht wörtlich nehmen möchte, muß die Erkenntnis und die Gewißheit jener Nacht als Basis seiner späteren Lehre angesehen werden.

Die Erleuchtung erwuchs aus einer kreativen Spannung zwischen zwei entscheidenden Überzeugungen. Die eine besagte, daß die Antwort gesucht werden müsse, indem man sorgfältig und genau alle durch Hellblick-Meditation gewonnenen Einsichten und Erfahrungen beachtete (auch wenn diese Meditationsmethode vielleicht noch nicht bis ins kleinste ausgearbeitet war). Wenn aber nur diese eine Überlegung den Buddha erfüllt hätte, wäre er wahrscheinlich ein ziemlich unbedeutender Mitdenker des Yoga geworden. Die zweite Überzeugung war jedoch die von der Wahrheit der Seelenwanderung, und damit gab der Buddha seiner Lehre eine Reichweite und eine Macht über das menschliche

Leben, die die engen Grenzen des Yoga überschritten. Die Originalität des Buddha rührt aus der genauen Analyse der individuellen Erfahrung, seine Bedeutung jedoch rührt daher, daß er den in Indien üblichen Glauben an die Wiedergeburt übernahm.

Im Fall des Buddha stand dieser Glaube für eine tiefe moralische Ernsthaftigkeit. In anderen Lehren ging die Doktrin der Seelenwanderung einher mit einem bis ins kleinste durchdachten spirituellen Kosmos, innerhalb dessen die Seelenwanderung stattfindet. Man steigt hinauf oder hinab, wird nun zum Tier, dann zu einem Gott, findet sich in der Hölle wieder und dann wieder als Krieger oder Brahmane, Sklave oder König (der Buddhismus sollte im Hinblick auf diese Sichtweisen später sehr produktiv sein). Dem Buddha waren die Einzelheiten der Seelenwanderung jedoch nie so wichtig wie das ihr zugrunde liegende Prinzip: Menschliches Handeln hat moralische Folgen, Folgen, die unausweichlich sind und die einen einholen, wenn nicht in diesem Leben, dann in einem anderen. Es *gibt* eine moralische Grundordnung. Man kann nicht stehlen, lügen, Ehebruch begehen oder »an den Ufern des Ganges entlanggehen, andere Menschen verprügeln, ermorden, verstümmeln und anderen befehlen zu verstümmeln, andere Menschen unterdrücken und ihnen befehlen zu unterdrücken« (D I 52), ohne die Folgen zu spüren. Es *gibt* eine unpersönliche moralische Kausalität, der alle unterliegen. Aus Missetaten folgt Leid und Elend in diesem oder in einem späteren Leben. Die Lehre des Buddha verfolgte den anscheinend selbstsüchtigen Zweck der Selbsterlösung und richtete sich an empfindende Wesen, soweit sie zu Leid und zu einer endgültigen Erlösung daraus fähig sind. Die Lehre befaßte sich aber auch mit empfindenden Wesen als moralisch verantwortlich handelnden Wesen, die nicht nur Einfluß auf ihr eigenes Wohl, sondern auch auf das Wohl anderer haben. Einige seiner Lehrmeinungen scheinen nur die persönliche Erlösung zu behandeln, andere die Frage der Moralität, aber für den Buddha waren diese beiden Aspekte immer eng und unbedingt miteinander verknüpft.

Die mit der Erleuchtung am engsten verknüpfte Lehre betrifft persönliches Elend und persönliche Erlösung. Dies ist die Lehre von den Vier Edlen Wahrheiten (*cattāri ariyasaccāni*), unter deren weitläufigem Dach sich die zentralen Lehrsätze des Buddhismus befinden. Sie sind wie eine medizinische Diagnose formuliert: dies ist die Krankheit, dies sind die Ursachen, dies ist die Beurteilung, ob Heilung möglich ist, dies ist die Behandlungsmethode. Die Krankheit heißt »Leiden« (*dukkha*) – ein Zustand, der all das abdeckt, was man im Deutschen mit »Leiden« bezeichnet, aber noch mehr enthält, und dieser weitere Bedeutungsumfang muß immer mitgedacht werden. Die erste Wahrheit besteht darin, daß die Krankheit, das Leiden tatsächlich existiert, und dies ist die Wahrheit vom Leiden. Die zweite Wahrheit besagt, daß es wahrnehmbare Ursachen für das Leiden gibt: dies ist die Wahrheit von der Entstehung des Leidens, die eine Aufzählung dieser Ursachen enthält. Die dritte Wahrheit besagt, daß eine Heilung des Leidens möglich ist, und dies ist die Wahrheit von der Beendigung des Leidens. Die vierte Wahrheit verspricht Heilung des Leidens, die Wahrheit von dem zur Beendigung des Leidens führenden Wege.

Wenden wir uns zunächst der ersten Wahrheit zu, der Wahrheit vom Leiden, um sie auf die Art und Weise zu erklären, in der sie traditionsgemäß der Buddha kurz nach dem Erwachen, der Erleuchtung, erklärt haben soll.

Diese Beschreibung beginnt folgendermaßen: »Was also ist die Edle Wahrheit vom Leiden? Geburt ist Leiden, Alter ist Leiden, Sorgen und Jammer, Schmerzen, Trauer und Verzweiflung sind Leiden« (S V 421). Hier kann man *dukkha* ohne weiteres mit »Leiden« übersetzen, denn es wird, wie wir es normalerweise ansehen, auf lange Sicht eine Begleiterscheinung des gesamten menschlichen Lebens: insofern wir geboren werden, müssen wir bei der Geburt, bei Krankheit, beim Altern, beim Verlust uns nahestehender Menschen und im Tod leiden. Dieser umfassende zeitliche Rahmen zeigt, daß die ununterbrochene Folge von Geburt und Tod in einem Leben nach dem anderen nur eine Vergrößerung der Sorgen darstellen konnte, die jedes einzelne menschliche Leben heimsuchen. All unsere Erfahrungen, selbst die alltäglichen Glücksgefühle, werden von Schmerz und Leid umklammert. Da wir letztendlich alle tot sind, verlangt das Problem des Leidens dringend nach einer Lösung.

Auf dieser Ebene ähnelt die Wahrheit vom Leiden anderen unter den Entsagenden verbreiteten Sichtweisen, nach denen das irdische Leben ein Sumpf von Schmerzen ist. Was sie aber aus dem herkömmlichen Pessimismus heraushebt, ist ihre Verbindung mit einer sorgfältig ausgearbeiteten Sicht des menschlichen Schicksals. Diese Sichtweise schält sich bei der Beschreibung der Wahrheit vom Leiden immer mehr heraus: »Mit Unliebem vereint zu sein ist Leiden, von Liebem getrennt zu sein ist Leiden, Gewünschtes nicht zu erhalten ist Leiden.« Dies betrifft das Leiden in einem überblickbaren Zeitrahmen, etwa innerhalb eines Jahres, eines Tages oder sogar einer Stunde, und steht somit dem charakteristischen Anliegen des Buddha mit allem, was unmittelbar zu beobachten ist, näher. Es ist auch eine eher allgemeine Beschreibung von Leiden, wie es nicht nur in Lebenskrisen, sondern auch in alltäglichen Situationen auftritt, Situationen, die nicht lautes Wehklagen hervorrufen, sondern ein scharfes Bewußtsein des Scheiterns oder der Frustration oder des unerfüllten Begehrens: die verpaßte Gelegenheit, die vereitelte Anstrengung, die lästige Routine, die kleinen Irritationen des Zusammenlebens. Hier würde man *dukkha* nicht mit »Leiden« übersetzen, sondern – etwas bescheidener und eher allgemein verbreitet – mit Unbehagen oder Unzufriedenheit. Dies wird im Kanon veranschaulicht anhand von Geschichten etwa über die Unsicherheit von Menschen, die nach einem Amt streben, über die Sorgen von Bauern, über die Störungen und Frustrationen im häuslichen Leben. Diese Lehre bringt das Leiden in den Bereich der täglichen Erfahrungen und Erlebnisse, denn sie weist auf die unvermeidlichen Veränderungen im Leben hin, denen alles, was wir für sicher und unverrückbar halten, unterworfen ist.

Dieser Standpunkt wurde zur Zeit Buddhas jedoch auch von anderen vertreten. Um also eine wirklich rein buddhistische Lehre zu finden, müssen wir das Ende der Beschreibung der ersten Wahrheit lesen: »Mit einem Wort, alle geistige und körperliche Erfahrung ... ist Leiden.« Diese Definition von Leiden führt direkt ins Innerste dessen, was an der Lehre des Buddha einzigartig ist, und gibt jenen Teil seiner Ansicht von Leiden wieder, der in den kanonischen Quellen als eine leidenschaftslose Beschreibung menschlicher Not erscheint. Leiden ist hier engstens verwoben mit menschlicher Erfahrung; Erfahrung wird im kleinsten Zeitrahmen betrachtet, Sekunde um Sekunde, wie unter einem Mikroskop, unter dem klinischen Auge des sich selbst beobachtenden Meditierenden. Unter diesem Mikroskop erhält *dukkha* eine Reihe weiterer Bedeutungen, zum Beispiel Unvollkommenheit, Unbeständigkeit, Vergänglichkeit, Unzulänglichkeit, Dürftigkeit, Unvollständigkeit, Unbeherrschbarkeit. Die großen Krisen, die zu Wehklagen Anlaß geben, und die kleinen Widrigkeiten, die Unzufriedenheit hervorrufen, sind nur besonders sichtbare Beispiele für das grundlegende Leiden aus Unvollkommenheit und Unbeständigkeit, das jeglicher Erfahrung eignet. Erfahrung – dynamisch, sich ändernd, unkontrollierbar und letztendlich unbefriedigend – *ist* Leiden.

Zur Verdeutlichung der Abläufe wollen wir die Gefühle, Empfindungen (*vedanā*) als Paradigma heranziehen. Gefühle bilden eines der Ziele von unmittelbarer Selbstbeobachtung, die in der Hellblick-Meditation empfohlen werden, und sie sind auch einer der »Aspekte von geistiger und körperlicher Erfahrung«. Gefühle können körperlicher oder geistiger Natur sein und als angenehm, unangenehm oder weder angenehm noch unangenehm, das heißt neutral, eingestuft werden. Wenn der Meditierende also über seine gerade sich ereignende Erfahrung nachdenkt, soll er in ebendiesem Moment erkennen, daß dieses Gefühl angenehm oder jenes unangenehm oder ein anderes Gefühl völlig neutral ist. Die Schmerzen in den Knien, wenn man versucht, im Schneidersitz zu meditieren, sind zum Beispiel unangenehm; das Hochgefühl, das man hat, wenn man es tatsächlich schafft, über längere Zeit so zu sitzen und Konzentration zu erlangen, ist angenehm; und viele Gefühle dazwischen, wie das ruhige Atmen, sind neutral. Lautes Hupen draußen auf der Straße, während man gerade meditiert, kann unangenehme Gefühle hervorrufen, der Gesang einer Nachtigall angenehme oder das Geräusch des Regens weder das eine noch das andere. Obwohl manche auf diese Art hervorgerufene und sich mit Nachdruck bemerkbar machende Gefühle eine ganze

Weile anhalten können – wie die Schmerzen in den Knien – oder immer wiederkehren können, erfordert es keinen meditativen Hellblick, um zu erkennen, warum der Buddha diese Gefühle als unbeständig, nicht andauernd, betrachtete. Sie werden bald von anderen Gefühlen verdrängt und können selbst auf den hohen Meditationsebenen nicht auf Dauer festgehalten werden. Die Frage, die der Suche des Buddha zugrunde lag, lautete: »Worauf kann ich bleibendes Vertrauen setzen?« Nach dieser Diagnose mit Sicherheit nicht auf Gefühle, denn selbst angenehme Gefühle sind »Leiden durch ihre Wandelbarkeit«; das heißt, obwohl sie in diesem Moment angenehm sind, tragen sie in sich doch den Samen der Unsicherheit, ihrer eigenen, nahe bevorstehenden Vernichtung. Die durch Selbstbeobachtung gefundene Wahrheit vom Leiden ist unaufhörlich in Bewegung, ein dynamischer Prozeß des Leidens, unkontrollierbar, ewig veränderlich und daher unzulänglich und unbefriedigend.

Darüber hinaus beherrscht diese Unzulänglichkeit die gesamten geistigen und körperlichen Erfahrungen des Menschen. Der Buddha gab mehrere unterschiedliche analytische Beschreibungen des Körpers und des Geistes, die jeweils auf einen anderen Zusammenhang abgestimmt waren; alle diese Beschreibungen beziehen sich jedoch auf einen Prozeß und nicht auf etwas Dauerhaftes, Beständiges. Das Individuum zum Beispiel wird vom Buddha mehr als ein brennendes Feuer oder ein schnellfließendes Wasser gesehen, weniger als ein massives Gefäß zur Aufnahme von Erfahrung oder eine starre Tafel, auf der die Wahrnehmungen eingeritzt werden. In unserer eigenen Sprache kommt dies oft nicht zum Ausdruck, weil wir dazu neigen, uns Körper und Geist als relativ unveränderlich vorzustellen, die beide dynamische und sich verändernde Erfahrungen erleben; daher glauben wir, man könne Körper und Geist von den Erfahrungen getrennt sehen. In der Sprache des Buddha wurden Erfahrung und der Körper-Geist-Komplex jedoch zusammen gesehen, als Teil eines einzigen Prozesses. Hier ist zum Beispiel eine solche Beschreibung:

> In Abhängigkeit vom Auge und von sichtbaren Gegenständen entsteht visuelles Bewußtsein. Aus der Vereinigung dieser drei [d. h. von Auge, Gegenständen und visuellem Bewußtsein] entsteht Kontakt. Abhängig von diesem Kontakt entsteht Fühlen. Man nimmt wahr, was auf diese Weise gefühlt wird; wenn man wahrnimmt, denkt man darüber nach, und wenn man nachdenkt, entwickelt man Ideen aller Art. (M I 111–112)

So gesehen, sind alle Objekte der Erfahrung, die Organe der Erfahrung, wie etwa das Auge, und das daraus folgende Erfahrensbewußtsein, »der Geist«, untrennbar miteinander verknüpft. Keines der drei Elemente ist ohne die anderen vorstellbar: Sie stützen sich gegenseitig, wie ein Schilfrohrbündel das andere stützt, um ein kanonisches Bild zu verwenden.

Darüber hinaus sind jene Aspekte der Erfahrung, von denen man sagen kann, daß sie im Geist zu finden sind – wie etwa Wahrnehmung, Fühlen und Bewußtsein –, selbst »verbunden, nicht getrennt, und es ist unmöglich, sie voneinander zu trennen, um auf ihre individuellen Merkmale einzugehen« (M I 293). Von den Objekten der Wahrnehmung über die physischen Wahrnehmungsorgane bis hin zu Fühlen, Bewußtsein, Denken und Willen reicht also der dynamische, innerlich abhängige, sich ewig verändernde Komplex, den man ein »Individuum« oder ein »Ich« nennen könnte, der aber nichts Dauerhaftes, Bleibendes enthält.

Eben dieser Ausdruck, den ich mit »alle Aspekte von geistiger und körperlicher Erfahrung« übersetzt habe, ist eine der analytischen Beschreibungen dieses Prozesses, in der die unpersönliche, dynamische und innerlich abhängige Art des Prozesses schon enthalten ist. Dieser Terminus lautet »die fünf Komponenten« (*pañcak-khanda*). Die erste »Komponente« ist die körperliche Form; hierzu gehören physische Objekte, der Körper und die Sinnesorgane. Die anderen vier »Komponenten« sind Fühlen, Wahrnehmungen, Impulse und Bewußt-sein. Diese »Komponenten«, dieser Prozeß, umfassen alles, was zu einem Menschen und seiner Erfahrung gehört. Fühlen ist nur eine Facette dieses Prozesses, eine Facette, die der Hellblick-Meditation verfügbar ist. Die Wandelbarkeit und Unzulänglichkeit des Fühlens sind für den ganzen Prozeß charakteristisch: »Alle Aspekte der körperlichen und geistigen Erfahrung sind Leiden.« Oder, wie der Buddha es an anderer Stelle formulierte: »Wie die Komponenten entstehen, verfallen und sterben, so wirst auch du, o Mönch, von einem Augenblick zum anderen geboren, verfällst und stirbst« (P I 78).

Diese Lehre scheint sehr düster, und man möchte sie eigentlich gleich in Frage stellen. Es muß doch auch Glück und Freude auf dieser Welt geben? Die Lehre des Buddha stellt jedoch nicht in Abrede, daß Erfahrung auch befriedigend sein kann: die Ausübung des Hell-blicks geht davon aus, daß sich dem Meditierenden ein solches Glück offenbart. Schmerz muß als Schmerz gese-hen werden, Freude als Freude. Verneint wird nur, daß solches Glück von Dauer sein wird.

Damit sind aber noch nicht alle Zweifel ausgeräumt, denn die wahren Gründe liegen anderswo, im grund-sätzlichen Unterschied zwischen der Erfahrung des Fra-genden und der des Buddha. Die Lehre vom Leiden setzt eine Verletzbarkeit durch Krankheiten, Tod, natürliche Kalamitäten und menschliche Unterdrückung voraus, die typisch waren für die Welt des Buddha und es auch noch in der heutigen Zeit sind. Mit diesen Begriffen wird die Lehre im Kanon veranschaulicht. In vielen westlichen Gesellschaften wird diese Verletzbarkeit jedoch unterdrückt oder in den Hintergrund geschoben: durch den Wohlstand, durch Fortschritte in der Medizin und durch jene sonderbaren Einrichtungen, die den Tod umgeben und ihn unsichtbar machen. Ohne dieses Gefühl der Verletzbarkeit gäbe es wenig Grund, eine Verbindung zu sehen zwischen dem Leiden als Unbefriedigtsein im kleinen und dem Tod, der Krankheit und dem beständigen Scheitern als dem Leiden im großen: man würde sich mit diesen Beschwerden einfach abfinden (wie es buddhistische Mönche ja tatsächlich lernen). Für jene aber, zu deren Erfahrungsspektrum die Verletzbarkeit gehört – eine Verletzbarkeit, die sowohl psychologischer Natur als auch sozialer oder materieller Natur sein mag –, kann die Verbindung von zwingender Überzeugungskraft sein.

Obwohl die Verkündigung der Vier Edlen Wahrheiten in Wirklichkeit kurz und knapp gehalten ist, enthält sie einiges an dramatischer Spannung. Wenn Leiden ein alles erfassender, nie endender Prozeß ist, wo liegt dann seine Ursache? Wie könnte man in den Kreis einbrechen, um herauszufinden, was ihn in Gang setzt? Und von diesem Standpunkt aus bildet die zweite Edle Wahrheit (daß es wahrnehmbare Ursachen für das Leiden gibt), die Wahrheit von der Entstehung des Leidens, das Kernstück der Erleuchtung. Einige Buddhisten feiern dies als einen dramatischen Augenblick, in dem der Buddha den »Erbauer des Hauses« sah, die Ursache für unsere von

Fehlern behaftete und unbefriedigende Existenz. Er soll
bei dieser Gelegenheit die folgenden Verse ausgesprochen haben:

> Ich suchte den Erbauer des Hauses und fand ihn
>   nicht,
> Ich reiste durch ein Leben nach dem anderen.
> Wie schmerzhaft ist es doch, wieder und wieder
>   geboren zu werden!
> Jetzt aber hat man dich gesehen, Erbauer des
>   Hauses.
> Nie mehr wirst du das Haus erbauen.
>
> (*Dhammapada* 153–154)

Wir erkennen hier schon die Richtungen, in denen der
Buddha nach dieser Ursache suchen würde. Eine Richtung ergibt sich aus der pragmatischen Denkweise des
Buddha. Er neigte dazu, Ursachen nicht unter rein abstrakten Gesichtspunkten zu betrachten, sondern indem
er Analogien aus dem Bereich praktischer Tätigkeiten
verwendete. Der Meditierende wird zum Beispiel mit einem Goldschmied verglichen oder mit einem Pfeilmacher, der seinen Geist wie einen Pfeil geraderichtet. In einem Abschnitt (M I 240–243), in der die Suche des Buddha vor der Erleuchtung geschildert wird, spricht er von
seinen Anstrengungen und verwendet die Analogie von
einem Mann, der ein Feuer anzufachen versucht: Genauso wie man ein Feuer nicht anfachen könne, indem
man mit einem trockenen Stock auf einem nassen, im
Wasser liegenden reibt oder auf einem nassen, auf dem
Trockenen liegenden Stock reibt, sondern nur, indem
man auf dem Trockenen mit einem trockenen Stock auf
einem anderen trockenen reibe, so müsse ein Meditierender sich *körperlich* allen Sinnesfreuden entziehen (ein
Stock außerhalb des Wassers) und sich auch *geistig* sol-

chen Freuden entziehen (ein *trockener* Stock außerhalb
des Wassers). Diese Denkweise ist sehr subtil, denn sie
anerkennt, daß es periphere, befähigende Ursachen und
Bedingungen gibt wie das Trockensein des Stocks und so
weiter. Aber die Hauptursache wird dem Handelnden,
dem Meditierenden, dem Mann, der das Feuer macht,
zugeschrieben. Die Hauptursache wird als mit-dem-
Handelnden-gleich gesehen, wie ein Mensch, der etwas
bewerkstelligt. Dies ist sicherlich die Vorstellung, die
hinter der metaphorischen Beschreibung der Ursache
des Leidens als »Erbauer des Hauses« steht. Die Teile
dieses »Hauses« mußten vorliegen, aber es gab auch einen »Erbauer«, ein *zielgerichtetes* und *aktives* Prinzip.
Daher suchte der Buddha bei seiner Suche nach der Ursache des Leidens etwas Aktives und Zielgerichtetes, was
hier einem Handelnden, einer Person, gleichkam.

Darüber hinaus mußte das Prinzip auch in anderer
Hinsicht gleich einem Handelnden sein. Erstens mußte
das Prinzip auf korrigierende Maßnahmen reagieren, so
wie ein Meditierender sich bei der Vervollkommnung
seiner Meditationsfertigkeiten bis zu einem gewissen
Grad kontrollieren kann. Wie eine Person oder ein Handelnder mußte es korrigierbar sein: Es mußte möglich
sein, mit dem »Erbauer des Hauses« so umzugehen, wie
man mit sich selbst umgeht, denn sonst bestünde keine
Möglichkeit der Erlösung. Zweitens mußte das Prinzip,
da seine Handlungen für andere und für einen selbst in
bezug auf die Wiedergeburt moralische Folgen hatten,
wie ein moralisch verantwortungsbewußt Handelnder
sein, ein Mensch, der gut oder schlecht handelt. Diese
Überlegungen scheinen möglicherweise zu abstrakt, als
daß sie mit dem Pragmatismus des Buddha vereinbar
wären, aber sie verweisen auf die praktischen Hinder-
nisse, die er überwinden mußte. Am einfachsten wäre

vielleicht die Erklärung gewesen, das zielgerichtete, aktive Prinzip als einen Handelnden, ein Selbst oder eine »Person« oder eine Seele zu sehen. Doch der Buddha hatte gute Gründe, diese Idee zu verwerfen. In seiner Hellblick-Meditation hatte er tatsächlich nur einen unpersönlichen Prozeß gefunden, den des Leidens. Es mußte ihm irgendwie gelingen, ein Prinzip zu finden, das in mancher Weise wie ein Handelnder oder eine Person war, aber letztendlich doch unpersönlich, also kein Handelnder, keine Person.

Dies war, was er entdeckte:

> Und dies, o ihr Mönche, ist die Wahrheit von der Entstehung des Leidens. Es ist nur das Wiedergeburt bewirkende, mit leidenschaftlichem Appetit verbundene Verlangen [*taṇhā*, auch mit »Durst« zu übersetzen], das mal hier, mal dort neue Freuden sucht, nämlich das Verlangen nach sinnlichen Freuden, das Verlangen nach Dasein, das Verlangen nach Nicht-Dasein. (S V 421)

Durst oder Verlangen ist also das, was die ganze Masse der Leidenserfahrung vorwärtstreibt. Das Wort *taṇhā* trägt die wörtliche Bedeutung »Durst«, welche dem Begriff seine Anschaulichkeit verleiht, im übertragenen Sinn, als Fachausdruck, jedoch die Bedeutung »Begehren« oder »Verlangen«. In diesem Sinne ist es unersättliches Verlangen, das »mal hier, mal dort neue Freuden sucht«, nicht nur in diesem Leben, sondern auch in den kommenden, und deswegen ist es »Wiedergeburt bewirkend«. Daneben verwendete der Buddha, insofern als das Verlangen »mit leidenschaftlichem Appetit verbunden« war, gern die Feuermetapher; in einem Text, der traditionell sehr früh in seiner Laufbahn angesetzt wird, nämlich dem Sutta vom Feuer (S IV 19), wird jede Facette der Erfahrung als »von brennendem Verlangen erfüllt« beschrieben.

Diese Denkweise ist in vieler Hinsicht eher von Poetik als von nüchterner Sachlichkeit geprägt, und ein Großteil der Anstrengungen des Buddha vor und nach seiner Erleuchtung muß dem Vorhaben gewidmet worden sein, die Implikationen dieser bedeutungsvollen Idee herauszuarbeiten. Mit Sicherheit konnte gezeigt werden, daß Verlangen zielgerichtet war: Verlangen heißt Verlangen nach etwas, Durst heißt Durst auf etwas. »Wo entsteht denn dieses Verlangen und setzt sich fest? Wo immer sich Liebenswertes und Erfreuliches befindet, da entsteht es und setzt sich fest« (D II 308). Die meisten Beschreibungen von Verlangen tendieren dazu, dieses positive Verlangen hervorzuheben, »das Verlangen nach sinnlichen Freuden«. Hier spricht der Puritanismus der Entsager, unter denen die Vorstellung vom Verlangen verbreitet war: Sie stellte das große Hindernis auf dem Weg zum Selbst und zu einer reinen Seele dar. Indem der Buddha es zu einem eigenständigen Prinzip erhob, erweiterte er seine Definition. Für ihn schloß Verlangen auch Abneigung ein, und das ist wahrscheinlich mit dem »Durst nach Nicht-Dasein« gemeint. Man begehrt nicht nur das, was anziehend ist, sondern verlangt auch nach Erlösung von dem, was unangenehm oder unerfreulich ist. Wir begehren sehr viel. Wir verlangen nach Sinnesfreuden – sexuellen Freuden, Freuden des Schmeckens, Riechens, Fühlens und anderen. Wir sehnen uns zutiefst danach, den Schmerzen zu entkommen. Wir begehren Reichtum, Macht, Rang. Uns gelüstet es sogar nach unseren eigenen Körpern oder mit der Wiedergeburt nach einem neuen Körper. Wir dürsten nach Wissen und wollen für alles eine Erklärung haben.

Verlangen kann als »Gier nach Dasein« umschrieben

verden. Das ist natürlich »die Gier, der Durst, der Wie-
lergeburt bewirkt«, aber vielleicht sollte man es noch
>esser sehen als *das Verlangen danach, anders zu wer-*
len als die gegenwärtige Existenz. Es präsentiert sich in
mancherlei Gestalt und ist das unaufhörliche Streben
nach einem neuen Zustand, einem neuen Sein, einer
neuen Erfahrung und gleichzeitig das Streben nach Sätti-
gung und Beständigkeit, und es ist ein Streben, das nie
zum Ziel führt. »Die Welt [gemeint sind alle Menschen
n dieser Welt, jeder einzelne], in deren Natur es liegt,
sich stets zu verändern, hängt am Werden, geht ganz auf
m Werden, hat sich dem Werden ausgesetzt; sie findet
nur am Werden Gefallen, doch was Gefallen macht,
bringt Furcht, und was sie fürchtet, ist das Leiden«
U III 10, nach Ñānamoli). Wiedergeburt kann Wiedergeburt von einem Augenblick der Erfahrung zum anderen sein oder Wiedergeburt in einem anderen Leben,
aber auf jeden Fall ist sie die Folge des Gelüstens *nach*
einer anderen Existenz.

Dies ist die zielgerichtete Aktivität des Begehrens im
Großen, da sie alles empfindungsfähige Leben umfaßt.
Diese großartige Vision muß jedoch, wie überall in der
Lehre des Buddha, mit Blick auf die feinen Körner der
Erfahrung gerechtfertigt werden. Von diesem Gesichts-
punkt aus hatte Verlangen im Grunde schon als Impulse
(*saṃkhārā*) in die fünf »Komponenten« Eingang gefunden, jene umfassende Beschreibung geistiger und körperlicher Erfahrung. Kehren wir zu dem Beispiel der
Schmerzen in den Knien zurück, wenn man versucht,
über längere Zeit in der Hellblick-Meditation zu sitzen.
Nur weil man die Schmerzen als unangenehm empfindet, verspürt man auch den Drang, seine Haltung zu verändern, den Impuls, Erleichterung zu schaffen, indem
man sich bewegt. Genau dieser Impuls ist der aktive,

zielgerichtete Aspekt des unangenehmen Gefühls: Er
stellt sich mit dem unangenehmen Gefühl ein und ist
nicht von diesem zu trennen. Unter normalen Umständen würde man einfach automatisch seine Stellung ändern, ohne darüber nachzudenken und vielleicht sogar
ohne sich dessen bewußt zu sein. Das gleiche gilt für angenehme Gefühle: Während man meditiert, wird man
vielleicht etwas schläfrig, träumt vor sich hin und ist automatisch dazu verleitet, sich diesen Gefühlen hinzugeben. Oder man fühlt sich hungrig und möchte eine
Kleinigkeit essen, bevor man weitermacht. Ohne die
Beschäftigung mit Meditation würden solche Impulse
kaum zur Kenntnis genommen, so schnell folgen sie aufeinander. Unter dem Mikroskop der Meditation offenbart sich, daß die Grundlagen von Erfahrung unaufhörliche Aktivität und kurzlebige, zielgerichtete Impulse
sind. Für den Buddha war diese Aktivität sogar etwas,
das Erfahrung *machte*. »Die sogenannte Einstellung, der
Geist, das Bewußtsein entstehen und vergehen auf die
eine oder andere Art, Tag und Nacht; so wie ein Affe
durch den Wald streift, einen Ast greift und, indem er
ihn losläßt, nach dem nächsten greift« (S II 95).

Diese Wahrnehmung eines belebten Prinzips der Existenz mit Hilfe der Hellblick-Meditation beherrschte
das Denken des Buddha. Daran orientierte er sein Verständnis des menschlichen Daseins. Weil Impulse ge-
wohnheitsmäßig und automatisch, grundsätzlich unre-
flektiert und nicht aufgrund einer Entscheidung ablau-
fen, gab es keinen Grund, sie als das Werk einer Person
oder eines Selbst anzusehen, so wie es andere Entsagende taten. Sie waren nur eine Neigung, eine aktive
Veranlagung an der Basis des Lebens, mit der besonderen und verheerenden Fähigkeit, sich selbst endlos zu
reproduzieren. Als Neigung nannte er sie »Anhaftun-

gen« (*upādāna*). Diese Neigung war schon in die Edle Wahrheit vom Leiden hineingeschrieben, denn diese heißt in ihrer vollen Länge: »Alle Aspekte von körperlicher und geistiger Erfahrung, *alle Anhaftungen*, sind Leiden« (S V 421). Jeder dieser verschiedenen Begriffe – Anhaftung, Verlangen, Impuls, Durst – wirft ein anderes Licht auf die Aktivität hinter dem und innerhalb des empfindungsfähigen Lebens. Sie alle weisen auf eines hin, das unpersönliche, aktive Prinzip, auf dessen Entdeckung der Buddha mit der Frage antwortete: »Wie kommt es, daß ich mich in diesem traurigen Zustand befinde?«

Der Buddha zog jedoch nicht in Betracht, daß Verlangen von sich aus agiert – seine Vorstellung von Ursachen erforderte keinesfalls eine einzige oder eine einfache Lösung für das Problem. Während Verlangen durchaus die Hauptursache für den schmerzhaften Prozeß der Wiedergeburt war, gab es doch auch untergeordnete, befähigende Ursachen, Bedingungen, ohne die es sich nicht durchsetzen konnte. Und unter diesen Ursachen gab es eine besonders wichtige: Unwissenheit oder Wahn. Die Vorstellung war unter Wandermendikanten und Yogis sehr verbreitet: Sie erfreuten sich eines besonderen Wissens, über das die anderen nicht verfügten. Im Gebrauch des Buddha war Wissen jedoch keine esoterische Wahrheit wie die Erkenntnis vom Selbst, sondern vielmehr ein scharfsinniges Verständnis der *Dinge, wie sie sind*. Eigentlich sind die Menschen normalerweise nicht nur uninformiert – wie man in bezug auf das Steuerrecht oder das Selbst uninformiert sein kann –, sondern erliegen vollkommen einem Wahn. Sie glauben, daß die Welt bleibende und sichere Befriedigungen enthält, wohingegen sie tatsächlich von Leiden geschüttelt wird. Sie machen sich etwas vor, und daher hat das Verlangen leichtes

Spiel mit ihnen. Die Beziehung zwischen Verlangen, Unwissenheit und Leiden läßt sich mit der Beziehung zwischen Hitze, Sauerstoff und Feuer vergleichen. Hitze ist die Antriebskraft, aber ohne Sauerstoff würde kein Feuer entstehen. »Der Durst nach Dasein, o ihr Mönche, unterliegt einer besonderen Bedingung; er wird gespeist von etwas, er braucht Unterstützung. Und was speist ihn? Es ist die Unwissenheit« (A V 116).

Bis hierhin ist diese Lehre amoralisch. Sie besteht aus den Äußerungen eines unvoreingenommenen Spezialisten, eines Entsagenden, der sich an andere wendet, die sich ebenso um persönliche Erlösung bemühen. Der Buddha war aber auch überzeugt davon, daß empfindungsfähige Wesen einem Kausalgesetz der Moral unterliegen, und ihn beschäftigten die Beurteilung von Verhalten und dessen Auswirkungen auf andere. Diese amoralische Lehre ist in seinem Denken also aufs engste mit anderen Lehren verknüpft, die dem Menschen und seinem Handeln eine große moralische Bedeutung zumessen.

Beginnen wir mit den sogenannten Impulsen. So wie ich sie bisher beschrieben habe, kommt Impulsen kaum eine moralische Bedeutung zu, aber man kann sie auch anders betrachten. Man kann sie als Absichten oder Auswählen, was beides in dem Schlüsselbegriff *cetanā* enthalten ist, beschreiben. Manchmal ist »Auswählen« die beste Übersetzung, insoweit es ein geistiger Vorgang ist, der der Handlung oder dem Sprechen vorausgeht. Aber Absichten sind darin ebenfalls eingeschlossen; denn der Buddha glaubte, daß auch unausgesprochene Absichten eine Wirkung haben können, wenn nicht nach außen hin, so doch nach innen. Der Buddha vertrat die Auffassung, daß im menschlichen Handeln dem geistigen Auswählen und Beabsichtigen letztlich die größte Bedeutung zukomme: »Die Welt wird vom Geist geführt« (S I 39). Daher gilt im für den buddhistischen Orden entwickelten Rechtssystem zum Beispiel auch nur absichtliches Handeln als Verstoß, während unbeabsichtigte Taten – die begangen werden, während man schläft oder verrückt ist oder unter Zwang steht – nicht schuldhaft sind.

Dieser Schluß ist von großer Tragweite, denn daraus folgt, daß Absichten nicht ignoriert werden dürfen, daß sie Folgen haben. Sie arbeiten und sind selbst Handlungen. Das steckt hinter dem Begriff »Karma«, dessen Hauptbedeutung eigentlich nur »Arbeit« oder »Tat« ist, der aber im buddhistischen Sinn »geistiges Handeln« bedeutet. (Karma bezieht sich nicht auf die *Ergebnisse* des Handelns, wie wir im Westen es heute im normalen Sprachgebrauch benutzen.) »Es ist Auswahl oder Absicht, was ich mit Karma – geistiger Arbeit – bezeichne, denn nach dem Auswählen handelt ein Mensch mit Körper, Sprache oder Geist« (A III 415). Absichten gestalten die Welt des einzelnen; sie vollbringen die Arbeit, deren Folgen wir mit Leiden tragen. Sie formen die Geschichte unseres Seelenlebens ebenso stark, wie Kriege und Verträge, Seuchen und Wohlstand die Geschichte einer Nation formen.

Bei Impulsen und drängendem Verlangen steht die Moral nicht notwendigerweise im Vordergrund; ganz anders hingegen verhält es sich beim Auswählen und Handeln. Man wählt richtig oder falsch, man handelt gut oder schlecht. Tatsächlich müssen nach Ansicht des Buddha *unbewußte* Absichten mit *bewußtem* Auswählen gleichgesetzt werden. Der einzige Unterschied liegt darin, daß Impulse nicht als Teil des Auswählens erkannt werden, der sie eigentlich sind: Sie werden in dem Wahn gewählt, daß es keine andere Wahl gibt, keine an-

dere, bessere Art des Handelns. So gesehen kann der relativ neutrale Begriff Durst (Verlangen) als Gier betrachtet werden, als etwas moralisch Verwerfliches, und oft
äußerte sich der Buddha auch dahingehend. Gier kann
durch eine wahnhafte Vorstellung von der Beschaffenheit der Welt entstehen, aber sie ist auch unmoralisch,
eine verdammenswerte Eigenschaft, die von jedem selbst
bezwungen werden kann. Darüber hinaus wird Gier in
den Texten immer im Zusammenhang mit Haß und Abneigung genannt. Daher bringen wir, moralisch gesehen,
das Leiden, das uns in einer Geburt nach der anderen
widerfährt, selbst über uns, weil wir schlecht wählen,
weil wir gierig oder haßerfüllt sind. Das Übel, das wir
über uns bringen, und das Übel, das wir über andere
bringen, sind eins, entstammen ein- und derselben Wurzel. Man könnte die Edle Wahrheit von der Entstehung
des Leidens folgendermaßen umformulieren: »Von Gier
entbrannt, von Haß zerfressen, von Wahn geblendet,
von ihnen übermannt und besessen, wählt der Mensch
sein eigenes Elend, das Elend anderer, das Elend beider,
und erfährt Schmerz und Gram« (A III 55).

Oder mit anderen Worten, die Neigung zu Gier, Haß
und Wahn, die uns veranlassen, andere durch schlechte
Taten zu verletzen, sind genau dieselben Neigungen, die
uns in steter Wiedergeburt leiden lassen. Die moralische
Ursache der Seelenwanderung ist der Ursache des Leidens gleichzusetzen. Daraus ergibt sich eine grundsätzliche Frage: Was hat es mit der Ursache überhaupt auf
sich? Bei der Lehre eines Selbst oder einer Seele ist es
einfach. Das Selbst handelt, verursacht Folgen für sich
selbst und wird nach dem, was es verdient, wiedergeboren. Die Grundstruktur ist an sich schon einleuchtend;
die Details sind nicht so wichtig. Aber was ist, wenn es
kein Selbst gibt?

Bei der Antwort (wie sie in D II Nr. 15 erscheint) arbeitet man sich von dem Erscheinen eines neuen Körpers oder Geistes, eines neuen psychophysischen Wesens rückwärts. Wie ist es erschienen? Es erschien dadurch, daß sich Bewußtsein in den Schoß der Mutter hinabsenkte. Dies klingt sehr primitiv und scheint auf frühere indische Vorstellungen eines Homunkulus zurückzugehen, der sich in den Mutterleib hinabsenkt. Es ist rein spekulativ, was dem Postulat des Buddha, daß man sich an das halte, was man sieht, zuwiderläuft. Aber spätere buddhistische Kommentatoren stellen klar, daß dieses Hinabsinken metaphorisch gemeint sei, so wie wir sagen »alles versank für ihn im dunkeln«, wenn jemand das Bewußtsein verliert. Außerdem ist dieses belebende Bewußtsein kein unabhängiges Wesen, kein verborgenes Selbst, sondern setzt sich aus Ursachen und Bedingungen zusammen.

Und was waren wiederum diese vorausgehenden Bedingungen? Eine war der Akt der körperlichen Erzeugung, aber wichtiger noch war der vorausgehende Impuls. Hier muß Impuls als Absicht oder geistige Handlung verstanden werden, denen Moral anhaftet, die sie auf die Beschaffenheit des neuen psychophysischen Wesens übertragen. Wenn der Impuls ein guter war, werden neuer Körper und Geist mit guten Eigenschaften ausgestattet und vom Glück begünstigt sein, wenn nicht, dann werden sie mit schlechten Eigenschaften ausgestattet und glücklos sein.

Nun kommt die Schlüsselfrage: Was ist dieser geheimnisvolle Impuls? Er ist tatsächlich nichts anderes als der letzte Impuls, der Sterbegedanke des vorherigen Körpers und Geistes. Er ist nicht wie ein Selbst, sondern lediglich eine letzte Energie, die die Kluft zwischen einem Leben zum anderen überspringt, so wie eine Flamme

von einem Kerzendocht zum nächsten springt – wie es
eine spätere buddhistische Quelle formulierte. Auch unterliegt er vorangegangenen Bedingungen, denn er ist
das Produkt der Veranlagungen, geformt von gewohn-
heitsmäßigen geistigen Handlungen, die unter dem
Schleier von Unwissenheit und Verlangen innerhalb des
früheren Lebens ausgeführt wurden. Und so kann man
den Prozeß zurückverfolgen – bis zur anfanglosen Zeit.

In dieser Darstellung gibt es kein zugrunde liegendes
Wesen, aber es gibt einen Strom von Ereignissen, der
seine eigene Geschichte hat. Diese wird nicht von einem
Selbst oder einer Seele vorwärtsgetragen, sondern durch
die komplizierte Wechselwirkung zwischen Ursachen,
Bedingungen und Auswirkungen, die unter Verlangen
und Leiden zusammengefaßt werden. Diese Wechselwirkung verstehen heißt, die Natur und den Ursprung des
Menschen zu verstehen. Viele Darstellungen im Kanon
sehen darin den wahren Kern der Erleuchtung: Der
Buddha nannte dies Konditionismus oder das Prinzip
des Entstehens in Abhängigkeit (*paṭicca samuppāda*).
Abhängig insofern, als die Ursachen und Bedingungen
notwendigerweise in Wechselwirkung stehen wie Brenn-
material, Hitze, Sauerstoff und so weiter bei der Pro-
duktion von Feuer. Keines der Elemente ist letztlich unabhängig, wie ein Selbst oder eine Seele es sein könnten.
Die Konditionalkette erfüllte also zwei Funktionen: Sie
widerlegte die Vorstellung von einer unabhängigen, beständigen Seele, und sie beschrieb den Ursprung des Leidens. Die mit der Konditionalkette verknüpfte Lehre
enthält all das, was ich bei den ersten zwei Edlen Wahrheiten besprochen habe, wenn es auch ein wenig anders
formuliert ist. Sie umfaßt gewöhnlich (aber nicht immer)
zwei Faktoren. Diese reichen von der Beschreibung des
psychophysischen Wesens wie der Sinnesorgane und des

Gefühls bis zu der Beschreibung der Leidensquellen, nämlich Unwissenheit, Verlangen, Anhaften und Impulse. Und natürlich umfaßt sie auch das Leiden. Obwohl wir spekulieren könnten, daß das Prinzip des Entstehens in Abhängigkeit als Lehre erst nach den Vier Edlen Wahrheiten entstand, war es doch im Grunde schon in ihnen enthalten, darin, wie der Buddha Verlangen und Leiden verstand, und in der Wechselwirkung zwischen beiden, bei der das Verlangen das Leiden verursacht.

Die dritte Edle Wahrheit, die Wahrheit von der Aufhebung des Leidens, bestätigt, daß die Krankheit des Leidens tatsächlich heilbar ist. Auch wenn es keinen beständigen moralischen Menschen gibt, ist der unpersönliche Prozeß korrigierbar. Man kann Erlösung erlangen. Innerhalb der Vier Edlen Wahrheiten ist dies eine ziemlich farblose Anschauung, die die Aufgabe der medizinischen Diagnose übernommen hat. Aber sie richtete sich an eine wichtige Gruppe von Denkern zur Zeit des Buddha. Diese wurden vor allem von den Ājīvikas repräsentiert, die davon ausgingen, daß der Prozeß der Wiedergeburt automatisch und mechanisch ablaufe: Jedes Wesen muß, egal was es tut, in jedem möglichen Zustand wiedergeboren werden, und jedes Wesen ist dazu bestimmt, schließlich die Erlösung zu erlangen, weswegen besondere Anstrengungen sinnlos sind. Es ist durchaus vorstellbar, daß ein Ājīvika den Buddha fragte, ob seine eigene Lehre der Konditionalkette nicht im Grunde den gleichen Schluß nahelegte. Führen diese Ursachen und Bedingungen, wenn sie auch noch so komplex sind, am Ende nicht zu einem mechanisch vorherbestimmten Ergebnis, so wie ein kunstvolles Uhrwerk, das man aufzieht und in Gang setzt? Die Antwort des Buddha auf diese Frage lautete, daß man, auch wenn die eigenen Gaben und Talente durch Umstände in früheren Leben geformt worden wären, trotzdem die Möglichkeiten habe, sein Verhalten innerhalb des jetzigen Lebens freiwillig zu ändern. Man kann die Unwissenheit vertreiben, indem man die Welt sieht, wie sie ist, wie sie in den Vier Edlen Wahrheiten beschrieben wird. Und man kann das Verlangen überwinden, indem man sich an die vom Buddha verkündete maßvolle Disziplin des Entsagenden hält.

Die vierte Edle Wahrheit ist die Wahrheit vom Weg zur Leidensaufhebung. Hier findet sich das Rezept, die Medizin. Sie wird gewöhnlich als der Edle Achtfache Pfad vorgestellt, aber schon in den kanonischen Quellen wird diese Liste zweckmäßigerweise in drei Gruppen unterteilt: Selbstbeherrschung oder sittliches Verhalten, Versenkung oder Meditation und Weisheit (*sīla, samādhi, paññā*). Sittliches Verhalten besteht aus Friedfertigkeit, Wahrhaftigkeit, Rechtschaffenheit und Beherrschtheit, eine Lebensweise, die darauf ausgerichtet ist, weder sich noch anderen Schaden zuzufügen. Für die Mönche des Buddha bedeutete dies ein Leben als Wandermendikanten, in Armut, Keuschheit und sanfter Aufrichtigkeit, aber ohne Selbstfolterungen. Obwohl der Buddha und seine der Welt entsagenden Schüler selbst einen Ordenskodex aufstellten, der mit den buddhistischen Prinzipien übereinstimmte, unterschied sich dieser im Kern wahrscheinlich gar nicht so sehr von dem Kodex, mit dem der Buddha begann und der sich an den damals unter den Wandermendikanten und Entsagern verbreiteten sittlichen Idealen orientierte.

Der zweite Teil des Pfades ist die Meditation. Diese ist zum Teil mit dem sittlichen Verhalten verknüpft: Es ist der Versuch, seine Sinnesorgane vor dem zu behüten, was unmoralisch ist, und gute, gesunde und geschickte

Geistesverfassungen zu schaffen, innerhalb deren man seine Werke vollbringt. Das Gegenstück dazu war das Vermeiden nicht nur von schlechtem Handeln, sondern auch von schlechten Geistesverfassungen, die statt zu klarem Denken zu Illusion oder Wahn führen. Vor diesem Hintergrund ist die wichtigste Fertigkeit die Konzentration in Verbindung mit Gleichmut, und diese Beherrschtheit in der Meditation ist wiederum die Grundlage für die Hellblick-Meditation. Hellblick-Meditation wird jedoch nicht nur dadurch praktiziert, daß man in ruhiger Einsamkeit dasitzt. Sie erfordert vom Meditierenden nämlich auch Selbst-Erinnerung, ein klares Bewußtsein und minuziöses Sich-Bewußtmachen seiner Umgebung, seiner Erfahrungen, seines Handelns und der Folgen, für jeden einzelnen Moment, für jeden Tag. Den Schülern brachte der Buddha diese Meditationsmethode relativ systematisch bei, aber er selbst verfuhr im Verlauf seiner Suche unsystematisch. Diese ersten zwei Teile des Pfades waren eher eine Ansammlung von Fertigkeiten, ähnlich denen eines Malers: zeichnerisches Können, der Gebrauch der Farben, das Konstruieren von Perspektiven und so weiter. So wie sich diese Fertigkeiten zu einer übergeordneten Fertigkeit, nämlich dem Malen, vereinen, so vereinen sich alle Einzelübungen des sittlichen Verhaltens und der Meditation zu einer einzigen, wachen und ruhigen Lebensweise.

Die Fähigkeiten des Malers müssen jedoch gepaart sein mit Sensibilität, einer Art, die Welt zu sehen. Und analog dazu verlangt der dritte Teil des Pfades – Weisheit – eine völlig neue Art, Erfahrung wahrzunehmen. Ein Aspekt dieser neuartigen Wahrnehmung besteht ganz einfach darin, die Welt so zu sehen, wie sie ist, und für den Buddha hieß dies, mit Hilfe der Vier Edlen Wahrheiten und der Konditionalkette, des Prinzips vom

Entstehen in Abhängigkeit, zu sehen: Auf diese oder jene Art ist Erfahrung vergänglich, bar eines bleibenden Selbst und schmerzlich mangelhaft. Auf diese oder jene Art erzeugt Verlangen wieder und wieder dieses Leiden.

Der andere Aspekt ist eine neue Einstellung, eine neue Art zu denken, die sich mit dem Gleichmut der Meditation einstellt. Man kann nun außerhalb der Erfahrung stehen. Man kann die Gefahren in ihr erkennen und sich abwenden. Man kann flüchtige Freuden und Hoffnungen, die kurz vor dem inneren Auge aufflackern, beobachten, ihnen jedoch nicht nachgehen. Die vielleicht bündigste Formulierung dieser Sensibilität findet sich in der Standardvorschrift für die Mönche, »nicht dem Hier und Jetzt verhaftet sein, nach nichts greifen, an nichts hängen«. Oder:

[Der Mönch] versucht weder durch Gedankengebäude noch durch Willensanstrengung eine geistige oder körperliche Verfassung zu schaffen oder deren Zerstörung zu bewirken. Indem er nichts in dieser Welt durch seinen Willen bewirken möchte, greift er nach nichts; indem er nicht greift, ist er nicht besorgt; daher ist er voll innerer Ruhe.   (M III 244)

Man sollte weder auf kommende Erfahrungen schauen, noch die jetzigen festhalten, sondern sie locker durch seine Finger gleiten lassen.

Dem Buddha war dies sehr wichtig. In dem Gleichnis vom Floß (M I Nr. 22) führt er beispielhaft einen Mann an, der sich, um einem Hochwasser zu entkommen, ein Floß aus herumliegendem Holz baut und sicher ans andere Ufer gelangt. Der Buddha fragt, ob es klug oder sinnvoll wäre, wenn der Mann nach Erreichen der anderen Seite das Floß auf den Kopf hochhebe und mitnähme. Die Antwort lautete, daß dies ganz gewiß nicht klug oder sinnvoll wäre. Und genauso, schließt der Buddha, wäre es dumm und sinnlos, sich an die gewinnbringenden, durch sittliches Verhalten und Meditation entstandenen Geistesverfassungen zu klammern, und noch viel sinnloser, sich an nicht gewinnbringende Verfassungen zu klammern. (Dies setzt natürlich voraus, daß die gewinnbringenden Praktiken dem Mönch durch Gewöhnung und Übung in Fleisch und Blut übergegangen sind.) Das gleiche gilt für Ideen: Sich Spekulationen und Theorien über die Vergangenheit und Zukunft, über die Ewigkeit, das Schicksal der Welt und so weiter hinzugeben, heißt, sich »im Gewirr der Ansichten, im Dickicht der Ansichten« zu verfangen. Statt dessen solle man die Welt einfach und unmittelbar betrachten, mit der in der Hellblick-Meditation gewonnenen Wahrnehmung. Diese Wahrnehmung ist wie die Sichtweise eines Künstlers hochentwickelt, aber dennoch unmittelbar und nicht durch Reflexion verstellt. Man soll in einem Sensibilisierungszustand schweben, den der Buddha in einer seiner poetischsten Beschreibungen der Erlösung schildert, wo die Flut sich auf den schmerzhaften Strom von Geburt und Tod bezieht: »Stünde ich still, dann würde ich sinken; würde ich kämpfen, dann würde ich weggetragen. Indem ich also weder stillstand noch kämpfte, konnte ich die Flut durchqueren« (S I 1).

Dies ist das Nirwana, das »Auslöschen« der Leidenschaften und Frustrationen des Daseins. Der Buddha behauptete, daß das Spekulieren über die Verfassung von jemandem, der erleuchtet und erlöst sei, nur zu Verwirrung und Wahnsinn führe. Doch trotz dieses nützlichen Rates spielten Spekulationen in der späteren buddhistischen Geschichte eine große Rolle, was auch für unsere Einschätzung der Ansprüche des Buddhismus zu gelten hat. Die Darstellungen im Kanon über die Erleuchtung erwecken den Eindruck, als sei man entweder erleuchtet oder nicht, entweder erlöst oder nicht, und daß der Übergang vom einen zum anderen praktisch binnen eines Augenblicks geschehe und nicht mehr rückgängig zu machen sei. Im ersten großen Schisma des Buddhismus einige Generationen nach dem Tod des Buddha ging es jedoch unter anderem darum, ob ein erlöster Mensch, wenn auch nur vorübergehend, aus dem Zustand der Erleuchtung zurückfallen könne. Und genauso diskutierten spätere Schulen, ob das Erwachen, die Erleuchtung von einem Augenblick zum nächsten stattfände oder allmählich.

Diese Schwierigkeiten weisen auf ein Problem hin, das in der im Kanon verwendeten Sprache zur Beschreibung solcher nicht greifbaren Dinge begründet ist: Damit sich eine gute Erzählung ergibt, wird die Geschichte der *Erleuchtung des Buddha* als plötzliche, dramatische und endgültige Transformation dargestellt. Und dies ist insofern plausibel, als die Erleuchtung mit der Gewißheit einherging, mit der Erkenntnis, daß »das, was getan werden mußte, getan ist«. Der Buddha wurde sich bewußt, daß er alle Voraussetzungen für die Erlösung erfüllt hatte und sein mühevoller Kampf beendet war. Mit der *Erlösung* ist es jedoch etwas anderes, denn hier sprechen wir von einer allumfassenden Transformation der menschlichen Beschaffenheit. Es scheint wenig glaubhaft, daß diese Transformation, wie sie in den kanonischen Quellen beschrieben wird, anders als nach und nach geschah, ein allmähliches Lernen und Beherrschen des weiten Spektrums von Verhaltens- und Denkweisen. Man könnte sagen, daß die Erleuchtung noch bestätigt werden mußte; im Laufe weiterer Erfahrungen mußte bewiesen werden, daß sie tatsächlich etwas bewirkt hatte. Wir können annehmen, daß der Buddha in einer mondhellen Nacht erleuchtet wurde, die Erlösung aber ein ausgedehnter, lebenslanger Prozeß war.

Die Frage, ob die Auffassung des Buddha von der Erlösung glaubhaft oder praktikabel sei, muß meines Erachtens bejaht werden. Natürlich können wir nichts zu der Behauptung sagen, daß die Erlösung den Unbilden des Todes und der Wiedergeburt ein Ende macht. Es übersteigt unsere Möglichkeiten, stichhaltig zu argumentieren und Beweise zu erbringen. Aber diese Behauptung ist – wie für den Buddha so typisch – mit einer anderen, konkreteren Behauptung verknüpft, daß nämlich Erlösung in diesem Leben erlangt werden kann, und hier kann man bei den buddhistischen Texten einhaken. Es wird dort nicht behauptet, daß Erlösung den physischen Schmerzen auf dieser Seite des Grabes ein Ende macht, denn es wird zugegeben, daß Schmerz zur Natur des Körpers gehört. (Wer die Versenkungsstufen oder die Meditationsebenen beherrscht, kann sich jedoch vorübergehend mit Hilfe dieser Meditation betäuben.) Vielmehr ist es geistiges Leiden, diese zusätzliche, unnötige Qual des Daseins, das mit Hilfe der buddhistischen Lehre immer weiter zurückgedrängt und vertrieben wird. Die Quellen vermitteln uns ein relativ klares Bild vom Effekt dieser »Schulung«: Die Mönche des Buddha »bereuen weder die Vergangenheit, noch grübeln sie über die Zukunft nach. Sie leben in der Gegenwart. Daher sind sie strahlend« (S I 5).

Das dieser komplizierten Ausbildung zugrunde liegende Prinzip ist genau auf dieses Ziel, nämlich strahlend in der Gegenwart zu leben, ausgerichtet. Der Buddha nannte das Prinzip »gründliches Nachdenken« (*yoniso manasikāra*), ein sorgfältig durchdachter Pragmatismus der Folgen jeder einzelnen Übung im Mittleren Pfad. »Dem, der tief nachdenkt, entstehen keine Sorgen und Nöte, die nicht schon bestehen, und die schon bestehen, verschwinden« (M I 7). Das bedeutet im Grunde, daß jede Übung zum gegenwärtigen Wohlsein *und* zu einer langfristigen Transformation beiträgt. Hier besteht zweifellos eine Spannung. Auf der einen Seite ist das Leben eines Mönches anstrengend, und er muß sich Übungen unterziehen, die am Anfang ziemlich unbequem sind. Aber auf der anderen Seite sind die Früchte dieser Übungen, da sie nicht auf Selbstfolterung ausgerichtet sind, nicht auf einen unbestimmten Zeitpunkt verschoben, sondern werden innerhalb einer überblickbaren Zeitspanne erfahren und für nützlich befunden. Was schwierig war, ist zur zweiten Natur geworden; dies ist kein Anlaß zur Sorge, sondern für kühles, ja, geistig stimulierendes Nachdenken über die Natur und die Erfordernisse der geistigen und körperlichen Erfahrung. Darüber hinaus wird der Mönch durch die in den Texten wiederholt hervorgehobene Einschätzung gestützt, daß ein solches Leben nicht nur ein Entkommen darstellt, sondern eine edle und heroische Berufung; und diese Einschätzung wird wiederum von seinen Gefährten, den anderen Mönchen, und von der Gesellschaft im ganzen, in der solche Kraft und Ausdauer geschätzt wird, bestätigt.

Außerdem bringt die Beherrschung eines Gebietes nicht nur von sich aus Vorteile, sondern führt ganz natürlich zu weiterer Meisterschaft. So erzeugt die Beherrschung des sittlichen Verhaltens beim Mönch das Fehlen von Reue, das Freisein von Bedauern und Sorge. Da man weder sich noch andere verletzt, ist das Gewissen rein, und dies führt von selbst zu einer Gelassenheit, die dann als Grundlage für die Meditation dient. Diese fortschreitende Meisterschaft soll ganz bis hinauf zum Gipfel führen, wo man aller Zufälligkeit der Erfahrung enthoben ist.

Für uns ist bei diesem Prozeß vor allem seine Natürlichkeit von Bedeutung. Eines der hartnäckigsten Probleme bei einem Vorhaben wie dem des Buddha besteht darin, daß das Begehren als Feind betrachtet wird, aber das höchste Ziel der Erlösung eins ist, das der Mönch begehrt, für das er seine Willenskraft einsetzt. Wie ist es möglich, diesen leidenschaftlichen Willen zur Erlösung aufzugeben? Nach Sicht des Buddha setzt man seine Willenskraft bei der Stufe der Lehre ein, in der man sich gerade übt – zum Beispiel dem sittlichen Verhalten – und alles andere folgt daraus. So »braucht jemand, der sich wohl verhält, der mit sittlichem Verhalten ausgestattet ist, nicht zu begehren: ›Laß mich die Reue vernichten.‹ Denn es ist so, o ihr Mönche, daß sittliches Verhalten die Reue vernichtet« (A V 2). Indem man jede Stufe der Übungen begehrt, seinen Willen dafür einsetzt und sie dann erreicht, wird die nächste Stufe vorbereitet. Die oberste Stufe wird nicht durch Willensanstrengung erreicht, sondern durch die inzwischen zur Gewohnheit gewordene Entspannung.

Der Buddha ging davon aus, daß die Beschaffenheit des Menschen für fruchtbare Untersuchung mit Hilfe der Hellblick-Meditation geöffnet und durch die buddhistische Ausbildung entscheidend transformiert werden könne. An der internen Kohärenz dieser Sichtweise läßt sich nur schwer ein Fehler nachweisen, aber unsere Zustimmung muß sich letztendlich auf Erfahrung, auf empirische Beweise stützen. Ich kann nur meine Erfahrungen aus der Feldforschung mit meditierenden Waldmönchen im heutigen Sri Lanka anbieten. Viele Mönche waren offensichtlich gesund und zufrieden, »strahlend« und »ohne Reue«, und allein schon das war beeindruckend für mich. Gerechterweise muß man jedoch sagen, daß dies nur die Folge eines ruhigen Lebens gewesen sein könnte, denn ich verbrachte einfach bei keinem der Mönche genug Zeit, um die langsame Verwandlung eines Charakters durch die buddhistische Disziplin erkennen und verstehen zu können.

Die Mönche zeigten jedoch drei Eigenschaften, die in direktem Zusammenhang mit der buddhistischen Ausbildung zu stehen schienen. Die erste war eine interessierte, ja faszinierte Versunkenheit in das, was sie ihre »Arbeit« nannten, womit sie sich auf den nach Stunden und Minuten geregelten Tagesablauf – Studieren, sorgfältiges Essen, Hygiene, Meditation, Übungen – bezogen, aus dem das Leben eines Mönches besteht. Bei der reflektierenden Ausübung dieser ganz normalen Aufgaben fanden sie offensichtlich eine enorme Befriedigung. Und zweitens verwandten dennoch einige Mönche enorme Energien und Jahre ihres Lebens auf langfristige Projekte, wie etwa die Gründung von Einsiedeleien im Wald. Trotzdem blieben sie frei von ängstlicher Sorge und standen dem Ergebnis ihrer Anstrengungen relativ gleichgültig gegenüber. Sie waren bemerkenswert erfolgreich und an Erfolg bemerkenswert uninteressiert. Diese tiefsitzenden Einstellungen waren so weit vom normalen Leben entfernt und dem buddhistischen Ideal vom Leben in der Gegenwart so nah, daß ich sie ohne Schwierigkeiten dem Leben nach dem mönchischen Kodex zuschreiben konnte.

Es war jedoch die dritte Eigenschaft, die mich am meisten von der Wirksamkeit der mönchischen Disziplin überzeugte, und das war der Mut der Mönche angesichts wilder Tiere. Bei zwei Gelegenheiten standen, während wir zu Fuß im Dschungel unterwegs waren, nur der schmächtige Körper und der unerschütterliche Gleichmut eines Mönches zwischen mir und einem überraschten Tier in Drohhaltung – einmal ein wilder Eber und

einmal ein Elefant. Bei beiden Gelegenheiten trat der
Mönch bestimmt auf, aber nicht aggressiv, und sprach
ruhig mit dem Tier, das krachend im Unterholz ver-
schwand. Kein Verhalten könnte den normalen Erwar-
tungen ferner stehen, und es bezeugte auf anschauliche
Weise, wie tief die durch die buddhistische Schulung erreichte Transformation ist. Nichts davon beweist natürlich die Wahrheit der Lehre des Buddha, aber es lädt uns
dazu ein, seine Philosophie ernst zu nehmen und zu erkennen, daß sie uns etwas über die Natur und die Möglichkeiten des Menschen mitzuteilen hat.

5

Die Mission und der Tod

Langfristig gesehen war der Buddhismus ausgesprochen erfolgreich: Er entwickelte sich zu einer Weltreligion, die bis vor kurzem über den ganzen Fernen Osten und Südostasien, die bevölkerungsreichsten Gegenden auf der Erde, herrschte und inzwischen auch im Westen Eingang gefunden hat. Wenn wir ein wenig näher hinsehen, erkennen wir jedoch, daß sich dies nicht einfach als triumphales Ausbreiten der Wahrheit erklären läßt. Zu Lebzeiten des Buddha und in vielen darauffolgenden Jahrhunderten stand seine Lehre in Indien im Wettstreit mit anderen, mehr oder weniger gleichrangigen Lehren. Erst in der Mitte des ersten Jahrtausends nach Christus, also zehn bis fünfzehn Jahrhunderte nach dem Buddha, hatte der Buddhismus sich durchgesetzt und seine Vormachtstellung im übrigen Asien eingenommen; in Indien selbst befand er sich kurz darauf schon auf dem Weg in die Vergessenheit. Die Geschichte des Buddhismus besteht aus vielen unterschiedlichen Episoden, und in jeder Episode spielen gesellschaftliche, ökonomische und politische Faktoren eine Rolle, die oft überhaupt nichts mit dem Buddhismus zu tun haben. Selbst wenn also für uns feststeht, daß die Lehre des Buddha einsichtsvoll und praktikabel ist, können diese Tugenden wohl kaum als die alleinige Antriebskraft für den Erfolg des Buddhismus angesehen werden.

Dennoch hatte der Buddhismus einige Eigentümlichkeiten, die – auch wenn sie an seiner Ausbreitung nicht aktiv beteiligt waren – diese doch zumindest ermöglichten. Das läßt sich an der im Buddhismus verhältnismäßig einfachen Anpassung an andere, schon vorhandene religiöse Traditionen in den von ihm kolonisierten Gebieten ablesen. Der Buddhismus ging eine Koexistenz mit dem archaischen Hinduismus in Indien und Sri Lanka, dem Daoismus und Konfuzianismus in China, der Bon-Religion in Tibet und dem Shinto in Japan ein. Und gegenwärtig paßt sich im Osten der Buddhismus an den Marxismus und im Westen an den liberalen Humanismus und das liberale Christentum an. Bei all diesen Vorgängen war es Buddhisten möglich, für bestimmte weltliche, religiöse oder zivile Zwecke an dem einheimischen Glauben festzuhalten und gleichzeitig die buddhistische Sichtweise ihrer eigenen psychologischen Natur und der höchsten Ziele menschlichen Handelns zu übernehmen. Der Buddhismus zeigt mit anderen Worten wenig von der Selbstherrlichkeit, die so viele missionarische Religionen wie das Christentum oder den Islam prägt. Er ist von Grund auf tolerant, kosmopolitisch und anpassungsfähig und kann daher auf alles reagieren, was durch Umstände verursacht wird, die nicht in seiner Macht liegen.

Die Grundlagen für diese Anpassungsfähigkeit sind in drei eng miteinander verknüpften Eigenheiten der Lehre des Buddha zu finden. Erstens, sie richtete sich ausdrücklich an Menschen, die bestimmte Eigenschaften gemeinsam hatten: die Fähigkeit zu Freude und Leiden, die Fähigkeit, das eigene und das Wohl anderer zu beeinflussen. Man könnte natürlich einwenden, daß andere indische Religionen, ja andere Weltreligionen, denselben Versuch zum Ausdruck brachten, die ganze Menschheit anzusprechen. Aber, zweitens, im Falle des Buddha war dieses universalistische Vorhaben relativ erfolgreich, das heißt tatsächlich universalistisch, weil es abstrakt war. Wir haben diese Abstraktion zum Beispiel bei der Beschreibung der Versenkungsstufen gesehen, einer Beschreibung, die sich mit vielen Meditationssystemen und unterschiedlichen Meditationszielen vereinbart. Und genauso verhielt es sich mit der Auffassung des Buddha von Weisheit und Tugend: Weder wandte sie sich gegen das in Indien aufkommende Kastenwesen, noch akzeptierte sie es. Vielmehr sprach sie von menschlichem Handeln in abstrakter Weise, wobei die An- oder Abwesenheit von Kasten ohne Bedeutung war. Drittens, dieses Abstrahieren war in der Lehre des Buddha immer eng mit einer bewußten Beschränkung verbunden, es nur auf die Struktur individueller menschlicher Erfahrung anzuwenden. Es gab vieles in der Welt, zu dem er ganz einfach nicht Stellung nehmen wollte. Daher war und ist es den Menschen auf der einen Seite immer möglich, im Buddhismus übereinzustimmen, während sie in völlig verschiedenen Kulturen leben und völlig verschiedene Ansichten von der Welt haben. Und auf der anderen Seite ist es den Buddhisten selbst immer möglich gewesen, der originären Lehre des Buddha im Laufe der Geschichte die unterschiedlichsten Auffassungen hinzuzufügen – Auffassungen, die auf die örtlichen Traditionen und Gegebenheiten abgestimmt waren.

Damit bleibt jedoch eine grundsätzliche und schwierige Frage noch offen. Die Lehre des Buddha, so wie ich sie bisher beschrieben habe, richtet sich eigentlich nur an eine Handvoll Menschen, die willens und fähig sind, mit völliger Hingabe das Leben eines Mönches zu führen. Die Ausbreitung des Buddhismus auf ganze Völker bedeutete jedoch, daß er von einer Laienschaft angenommen wurde, die nicht »aus dem Haus auszog in die Hauslosigkeit«. Wie konnte sich der Buddhismus aus einer Lehre für wenige zu einer Lehre für viele entwikkeln? Was hatte diese elitäre Botschaft den Menschen in der Welt zu bieten? Diese Fragen wurden in den Jahren nach der Erleuchtung des Buddha beantwortet.

Der Same der Mission des Buddha ist in der Legende in ein besonders mythisches Gewand gekleidet. Während der Buddha immer noch in der Einsamkeit über die Folgen seiner Entdeckungen nachdachte, kam er zu dem Entschluß, daß es sinnlos wäre, sie einer Welt mitzuteilen, die tief in der Unwissenheit steckte. Aber ein Gott schritt ein: Wie es für buddhistische Legenden typisch ist, hat der Gott lediglich eine Statistenrolle, die zur Unterstützung der Haupthandlung, der menschlichen Selbsttransformation, auftritt. Er setzte sich beim Buddha für all jene Kreaturen ein, die »nur ein wenig Staub in den Augen« haben, die die Botschaft des Buddha wohlwollend und dankbar aufnehmen würden. Durch diese Bitte ließ sich der Buddha erweichen, und er machte sich daran, sein Heilmittel gegen das Leiden unter die Menschen zu bringen, »aus Mitleid mit den Kreaturen«. Und auf diese Weise wurde der Entschluß geboren, der, wie die Buddhisten ihn verstehen, das Licht in die finstere Welt trägt.

Ob diese Darstellung wahr ist, läßt sich nicht feststellen, aber dieser legendäre Schnörkel ist dennoch aufschlußreich. Zunächst verweist er auf ein grundsätzliches Merkmal der reifen Lehre des Buddha: daß sie nicht nur den bedeutenden Wert der Erlösung enthielt, sondern auch den zweiten bedeutenden Wert des Mitleids, der Sorge um andere. Und tatsächlich wurzelt so etwas wie Mitleid in der moralischen Ernsthaftigkeit des Buddha und seiner Neigung, den Geist unter dem Blickpunkt der Moral zu beschreiben, in bezug auf die Auswirkung geistigen Handelns auf andere. Mitleid war für den Buddha eng verwoben mit der Erlösung als dem Ziel der Menschen. In der Legende wird Mitleid jedoch in einer

engeren Bedeutung verwendet als später zusammen
mit seinen Folgen in der ausgearbeiteten Lehre. Hier
ist Mitleid eine persönliche Eigenschaft des Buddha
und ein ausreichendes Motiv für den Entschluß, seine
Lehre zu verbreiten. Außerdem dient das Mitleid hier
einem bestimmten Zweck, der Weitervermittlung des
Lebens eines Entsagenden, wie es der Buddha verstand.

Ein Großteil dieses Abschnitts der legendären Biographie befaßt sich mit den Folgen dieses Mitleids, der Entstehung eines Ordens von Mönchen, die dem Buddha
folgten. Der Buddha erhob sich aus seiner Einsamkeit
und wanderte in Etappen gen Benares, wo er den Wildpark Isipatana als Aufenthaltsort wählte. Dort traf er
fünf Asketen, die ihn vor der Erleuchtung begleitet hatten, sich aber entrüstet von ihm abwendeten, als er die
selbstquälerischen Praktiken aufgab. An sie richtete er
seine erste Lehrrede, das Sutta vom Andrehen des
Dhamma-Rades, in der der Mittlere Pfad und die Vier
Edlen Wahrheiten ausgeführt werden. Die fünf Asketen
erkannten diese Lehre an und wurden seine Jünger, und
von da an kamen viele seiner Konvertiten aus dem Kreis
der Wandermendikanten und Asketen. Dies ist insoweit
historisch plausibel, als viele der Reden des Buddha sich
an Wandermendikanten richteten, die damals eine flexi-
ble Gruppe bildeten und schnell von einem Lehrer zum
anderen wechselten. Nun jedoch ging es um die Gründung einer neuen und dauerhaften Einrichtung, um die
des dem Buddha folgenden Mönchsordens (*sangha*),
und tatsächlich wird spürbar, daß das Sich-im-Fluß-Be-
findende, die allgemeine Bewegung nun überall in verschiedene religiöse Vereinigungen mit ihren eigenen
Verfassungen auskristallisierte.

Der Buddha wandte sich jedoch nicht nur an die religiösen »Virtuosen«, sondern auch an eine breitere Zuhörerschaft. Der nächste Bekehrte war Yasa, ein reicher, junger Laienanhänger, der eines Morgens aufwachte und voll Abscheu auf die Kurtisanen blickte, mit denen er sich vergnügt hatte und die jetzt um ihn herum in betrunkenem Schlummer lagen. Er wanderte niedergeschlagen zum Wildpark, wo er den Buddha traf, der ihm von den Vier Edlen Wahrheiten erzählte. So verließ Yasa die Welt, um sich dem Buddha und seiner kleinen Gruppe anzuschließen. Yasa war der Sohn eines Händlers, und nach der Legende begab es sich so, daß vier von Yasas Freunden »aus den führenden Kaufmannshäusern von Benares« daraufhin Jünger wurden, und dann folgten weitere fünfzig »junge Männer vom Land«. Sie bildeten den Kern des neuen Ordens, und sie waren es auch, die die Lehre weiterverbreiteten: denn in der Legende trägt ihnen der Buddha nun auf, »hinauszugehen und zum Wohle und Glück der vielen aus Mitleid mit der Welt zu wandern ...« Aber sie waren keine protestantischen Evangelisten, die eine Kirche von Laienanhängern schufen, denn sie sollten »das absolut vollkommene und gänzlich reine Leben des ehelosen Mendikantentums propagieren«.

Einiges davon könnte sich tatsächlich so zugetragen haben. Es gab eine Wahlverwandtschaft zwischen dem Buddhismus und den städtischen Kaufleuten, die zu den Gründungsmitgliedern der vielfältigen städtischen Gesellschaft gehörten, an die sich die Lehre des Buddha richtete. Es war aber auch eine universelle Botschaft, und neben den Kaufleuten müssen noch viele andere – vielleicht die jungen Männer »vom Lande« – dem Orden beigetreten sein. Die Betonung des ehelosen Lebens erscheint besonders glaubhaft, denn dies brachte den Corpsgeist des Ordens zum Ausdruck und steht in Einklang mit der Botschaft vieler Texte, daß der einzig richtige Weg die Entsagung von der Welt ist. Aber auch wenn dieses kompromißlose Ziel der ursprüngliche Auftrag des Ordens war, gab es in der missionarischen Tätigkeit doch die Möglichkeit, intensiv mit der Laienschaft in Kontakt zu treten: Immerhin war es das Essen der Laienanhänger, das die Wandermendikanten bei Kräften hielt, die Kleidung der Laienanhänger, die sie auf ihrem Weg entlang der Handelsrouten durch Indien und später durch ganz Asien schützte.

Laienanhänger treten also in der legendären Biographie auf. Gleich nachdem Yasa dem Orden beigetreten war, kam sein Vater auf der Suche nach ihm vorbei und traf auf den Buddha, der zu ihm predigte. Der Vater wurde bekehrt, »er gewann Vertrauen« in die Lehre des Buddha, woraufhin er »seine Zuflucht zum Buddha nahm, so lange der Atem reicht«. Dieses »Zufluchtnehmen« markiert heute offiziell den Punkt, an dem ein Laienanhänger sich zum Buddha, seinem Orden und seiner Lehre bekannt hat, und es ist wahrscheinlich, daß dem in der Zeit vor und während der Ausarbeitung dieser Legende eine ähnliche Bedeutung zukam. Yasas Vater lud den Buddha dann zu einem Mahl in sein Haus ein, und dort bekehrte der Buddha noch Yasas frühere Frau und seine Mutter, die auch zum Buddha »Zuflucht nahmen«. Diese Geschehnisse im Hause von Yasas Vater vermitteln ein Bild von der Beziehung zwischen buddhistischen Mönchen und Laienanhängern. Diese geben den Mönchen Essen und leibliche Unterstützung, während die Mönche den Laienanhängern Weisheit und andere geistige Güter darbieten. Anthropologen freuen sich, wenn sie Institutionen entdecken, deren gegenseitige Beziehungen auf einem langfristigen Austausch von Geschenken basieren. Genau das ist hier der Fall. Auf seiten der Laienanhänger wird eindringlich zu Freigebigkeit und insbesondere zu Großzügigkeit gegenüber Mönchen ermahnt, während für den Mönch »die Weitergabe der Lehre Buddhas die schönste Gabe ist«, wie im Kanon immer wieder bekräftigt wird. Die Geschenke sind ganz unterschiedlicher Art, aber sie werden freien Herzens gegeben, und durch sie werden bleibende Bindungen geknüpft. Auf diesem wechselseitigen Austausch wurde die große buddhistische Gemeinschaft aufgebaut, die »vierteilige Gemeinde«, die sich in Mönche, Nonnen (die der Buddha später sanktionierte), Laienanhänger und Laienanhängerinnen gliederte. Es war diese große Gemeinschaft, die dem Buddhismus seinen bleibenden Erfolg bescherte.

Die Lehre des Buddha konnte den Laien also bestimmte geistige Güter vermitteln. Einige dieser Güter wurden jedoch nicht nur im Buddhismus angeboten. Das eine waren Verdienste, eine immaterielle Belohnung, die sich ein Laienanhänger allein dadurch erwarb, daß er einem Mönch etwas zu essen gab und sich seine Predigt anhörte. Verdienste konnten angesammelt werden, um eine bessere Wiedergeburt zu sichern; sozusagen, je mehr Verdienste geistiger Art, desto besser die Wiedergeburt. Wie es also ein dem Mönch angemessenes hohes religiöses Ziel gab, nämlich die Erlösung, so gab es ein niedriges Ziel für den Laienanhänger, die bessere Wiedergeburt (und die Hoffnung, schließlich in einem Zustand wiedergeboren zu werden, der es erlaubte, ein Mönch zu werden und Erlösung zu erlangen). Dies war ein guter Grund, den buddhistischen Orden zu unterstützen, es war aber ein ebenso guter Grund, die anderen Orden wie den Jaina zu unterstützen, denn sie vertraten eine ähnliche Auffassung von Verdienst.

Ein weiteres geistiges Gut, das der Laienschaft gebo-

ten wurde, war eine hohe sittliche Lehre, die sich aus
Anordnungen zusammensetzte, bestimmte Verhaltens-
weisen zu vermeiden: Lügen, Töten und Stehlen, seinen
Lebensunterhalt zu verdienen, indem man anderen
Schaden zufügte, und destruktive Verhaltensformen wie
Gier, Haß und Torheit. Der Mönch mit seiner strengen
Selbstkontrolle repräsentierte die menschliche Tugend in
Vollendung, aber die Grundprinzipien dieser Vollendung waren auf eine niedrigere Ebene übertragbar, auf
ein sittliches Verhalten, das Zugeständnisse an die Umstände einer Laienschaft machte, die in der Welt ihren
Lebensunterhalt verdienen und Kinder großziehen
mußte. Der Buddha hatte jedoch kein Monopol auf solche Lehren, deren Neuartigkeit und Popularität im Zusammenhang mit der relativ neuen und weiten Verbreitung der sich nun entwickelnden städtischen Lebensformen standen. Inzwischen gab es Kaufleute, die durch
ihre Beherrschung der unpersönlichen Instrumente Geld
und Handel anderen Menschen eine neue Art von Schaden zufügen konnten; es gab Staaten und Armeen mit
neuen Möglichkeiten des Zerstörens; es gab Ämter, nach
denen man auf Kosten anderer streben konnte. Darüber
hinaus erforderte das Leben in den neuen Städten, daß
Gruppen, die weder beiderseitige Interessen noch den
gleichen ererbten Moralkodex hatten, Wege finden mußten, um wenigstens mit einem Minimum an gegenseiti-
gem Vertrauen zusammenleben zu können. Ein Großteil
der Anpassung an die neuen Lebensformen muß völlig
ohne den Einfluß der Entsagenden erfolgt sein, aber
diese gaben der Veränderung Richtung und Stimme. Sie
verkörperten die Tugenden der Friedfertigkeit und Armut (den Mönchen des Buddha war es untersagt, Gold
oder Silber zu berühren). Sie strebten keine Ämter an.
Und in ihren Predigten priesen sie Tugenden, deren

Ausübung – unabhängig von der dazugehörigen Theorie – die neue Gesellschaft, die neue Welt bewohnbar machen konnte.

Die Lehren von Verdienst und sittlichem Verhalten bei Laien sind die Erklärung für den Erfolg nicht nur des Buddha, sondern auch der Entsager. Im alten Indien allerdings wurde der Buddhismus wohl kaum für erfolgreicher angesehen als andere Bewegungen, und für sich allein genommen konnte vieles aus den Predigten des Buddha an die Laienschaft auch in anderen Lehren gefunden werden. Dem Buddha gelang jedoch eine Synthese der mannigfaltigen Elemente, die aus dem Ganzen mehr machte als die Summe seiner Einzelteile. Dieser Synthese liegt die Neigung des Buddha zum praktischen Denken zugrunde, die Analogie zum handwerklichen Können und auch seine Betonung psychologischer Erklärungen.

Der Schlüssel zu dieser Denkweise findet sich in einem Begriff, der häufig in den Reden auftaucht. Dieser Begriff ist *kusala*, dessen eigentliche Bedeutung »geschickt« lautet, wie zum Beispiel ein Goldschmied geschickt das Herstellen von Schmuckstücken beherrscht. Der Buddha eignete sich diesen Begriff an und verwendete ihn in erster Linie für die Fertigkeit des Meditierens. Er verwendete ihn aber auch im weiteren Sinne für die Fertigkeiten in sittlichem Verhalten und das Erwerben von Verdiensten. Bei diesem Gebrauch bedeutet »geschickt« moralisch gut, so wie wir sagen: »Er ist ein guter Mensch« oder »Das war eine gute Tat«. In vielen Zusammenhängen ist mit »geschickt« das Gegenteil von böse gemeint und bezieht sich auf dieselbe strikte Unterscheidung, die im Christentum zwischen gut und böse gemacht wird. Für den Buddha hatte »geschickt/gut« jedoch immer einen praktischen und keinen metaphysischen oder absoluten Beigeschmack. Der Kernpunkt des Begriffes liegt in einer seiner Bedeutungen, die für uns verlorengegangen sind (die es bei den alten Griechen aber noch gab), daß man nämlich, wie man geschickt und gut in einem Handwerk sein konnte, auch *gut darin* sein konnte, ein empfindendes Wesen zu sein, und daß man deshalb *gut* war.

Dieser Begriff wurde durch »tiefes Nachdenken« über die Folgen von Taten und insbesondere über die hinter den Taten stehenden Haltungen, das geistige Handeln, mit Leben erfüllt. Für den Buddha wirkte Geschicklichkeit, Fertigkeit, nach zwei Seiten: Ihre Folgen waren gut für einen selbst, aber auch gut für andere. Wenn man zum Beispiel einem Mönch etwas zu essen gab, erwarb man sich ein Verdienst, und mit der typischen, buddhistischen Emphase der geistigen Seite von Dingen wurde dieses Verdienst auch als ein psychologisches Gut verstanden, als eine gesunde, auf die Erlösung ausgerichtete Verfassung des Geistes. Aber Geben ist auch gut für den Mönch, zumindest weil er dadurch seinen Hunger besänftigt. Genauso bedeutet sittliches Verhalten, daß man anderen keinen Schaden zufügt und für sich selbst gute/geschickte Geistesverfassungen schafft. Wir neigen dazu zu glauben, daß Gutes zu tun nur möglich sei, wenn man seine eigenen Interessen den Interessen eines anderen opfere, doch nach Buddha hieß Gutes tun vielmehr, sowohl im eigenen als auch im Interesse einer anderen Person zu handeln. Für den Mönch lag die Betonung auf dem eigenen Interesse, der Erlösung, während die Mittel dazu – beispielhaftes sittliches Verhalten – zufällig im Interesse anderer waren. Diese Denkweise wurde für die Laienschaft genau umgekehrt: indem sie anderen Gutes taten, waren sie zu sich selbst gut. Diese Gedankenführung wurde fernerhin gestützt durch die Lehre, daß man, wenn man freundlich, sanft, ehrlich und friedfertig gegenüber anderen sei, bei diesen ein ebensolches Verhalten auslöse: Tue Gutes, auf daß dir Gutes getan werde. Durch weises Nachdenken und sittliches Handeln konnten Buddhisten, ob Mönche oder Laien, die Früchte ihrer Geschicklichkeit »hier und in der nächsten Welt« ernten.

Die Lehre des Buddha für die Laienschaft schloß sich also eng und organisch an seine Lehre für die Mönche an. Diese Verbindung war aber nicht auf den Bereich des sittlichen Verhaltens beschränkt. Beim Mönch bildet das sittliche Verhalten das Fundament für die Weiterentwicklung des Geistes durch Meditation; aber sowohl für Mönche als auch für Laien konnte die Entwicklung bestimmter geistiger Fertigkeiten und Haltungen wiederum das sittliche Verhalten stärken. Und an dieser Stelle wird Mitleid, das Denken an andere, wieder wichtig, jetzt als eine Haltung, die auf meditativer Ebene entwickelt werden und allgemein als ein Wert zum Wohle anderer verwendet werden soll. Man kann sich nicht nur in der Hoffnung auf Erlösung wandeln, sondern auch aus Liebe. In den buddhistischen Texten wird Mitleid dreigeteilt: erstens, das eigentliche Mitleid, definiert als Mitgefühl mit dem Leiden anderer; zweitens, mitfühlende Freude, die Freude, wenn das Glück anderen hold ist; drittens, Herzensgüte, das buddhistische Gefühl par excellence. Die von Mönchen und Laien angestrebte Haltung der Herzensgüte wird in einer berühmten Passage sehr früher buddhistischer Dichtung ausgedrückt.

Wie sie auch seien, die Geschöpfe – ob schwach oder stark, von großer, breiter, mittlerer oder kleiner Statur, ob fein oder grob, sichtbar oder unsichtbar, jene, die geboren sind, und jene, die drängen,

geboren zu werden – mögen sie alle ohne Ausnahme glücklich im Herzen sein!
Möge keines irgendein anderes hintergehen, noch
irgendwo verachten. Möge keines im Zorn oder aus
bösem Willen einem anderen Schaden wünschen!
Mögen die Gedanken grenzenloser Herzensgüte
die ganze Welt durchdringen, oben, unten, überall,
ohne Hemmnisse, ohne Haß, ohne Feindseligkeit!
(S 146–148, 150)

In dieser Passage wird die innere Einstellung, die dem
von Buddha gelehrten sittlichen Verhalten zugrunde
liegt, in komprimierter Form, als ein einziges Gefühl,
dargestellt; hier wird der positive Geist beschrieben, der
den Anordnungen und Verboten zur Seite gestellt ist.
Herzensgüte ist aus der Ausbildung sowohl der Mönche
als auch der Laien nicht wegzudenken, denn für Buddhisten zählt allein die geistige Handlung, die Absicht
oder Haltung, und nicht die Tat selbst. Das Gefühl der
Herzensgüte ist auf jeden Fall unpersönlich, und darin
scheint die erhabene Uneigennützigkeit, die Gleichgültigkeit des Entsagenden durch. Alle müssen gleich behandelt werden, unabhängig von Rang oder Beziehungen. Zu diesem universellen Gefühl passen die Gedanken des Buddha über das sittliche Verhalten, denn den
Vorschriften zur Herzensgüte gemäß soll der Meditierende »sich in-eins-setzen mit allen« (A II 129). Das
heißt, genauso wie ich Schmerz und Freude unterworfen
bin, so sind es andere, und genauso wie ich wünsche, daß
es mir gut geht, so sollte ich wünschen, daß es anderen
gut geht. In der ganzen buddhistischen Welt sollte Herzensgüte, ergänzt durch Mit-Leid, zum Vorbild für Gefühle der Mitmenschlichkeit außerhalb der Familie und
zu einem eigenen Wert werden. Im späteren buddhisti-

schen Volksbrauch und Denken traten diese Gefühle so
weit in den Vordergrund, daß sie sogar den höchsten
Wert, die Erlösung, zurückdrängten.

Die Lehre des Buddha für die Laienschaft ist in der
Rede an die Kālāmas (A I 188–193), ein Volk am Nord-
rand der Ganges-Ebene, in einem Stück zusammengefaßt nachzulesen. Darin wird erzählt, wie der Buddha
mit einer Gruppe von Mönchen durch diese Gegend
zieht. Ein paar Kālāmas erfahren davon und kommen
mit einem Problem zu ihm in das Dorf Kesaputta: Zahl-
reiche Wanderasketen und Brahmanen sind bei ihnen
durchgereist, legten den Kālāmas ihre eigenen Ansichten
als die einzig wahren dar und bekämpften und widerleg-
ten die Ansichten anderer. Die Kālāmas waren verwirrt
und suchten beim Buddha Rat. Wem sollten sie glauben?
Diese Verwirrung beantwortete der Buddha mit einer
Lehrrede, die oft zitiert wird, um das Fehlen jeglichen
Dogmatismus bei Buddha und sein Eintreten für indivi-
duelles Urteilen zu zeigen. Er belehrt die Kālāmas, sich
nicht zu verlassen auf »Hörensagen, auf Überlieferung,
auf Legenden, auf Gelehrsamkeit, nicht auf Spekulationen oder Deutungen, nicht auf Überlegungen zu irgendeiner Theorie oder deren Anerkennung, auch nicht,
wenn es angebracht erscheint, oder aus Respekt vor ir-
gendeinem Asketen«.

Damit möchte der Buddha jedoch nicht der Lust und
Laune des einzelnen das Wort reden; vielmehr empfiehlt
er hier seine eigene Art der moralischen Gedankenführung durch weises Reflektieren und durch Geschicklichkeit, und er ist zuversichtlich, daß die Kālāmas, wenn sie
ihm darin folgen, die Sittlichkeitslehre des Buddha erkennen werden:

Wenn ihr von euch aus erkennt, dies ist ungeschickt und jenes geschickt, dies ist tadelnswert und jenes tadellos, dies wird von den Weisen mißbilligt, weil es Leiden und Übel herbeiführt, und jenes gepriesen, weil es Wohlsein und Glück herbeiführt ... wenn ihr dies von euch aus erkennt, Kālāmas, dann werdet ihr das eine zurückweisen und euch das andere zu eigen machen.

Die Sittlichkeitslehre, zu deren Einsicht sie gelangen werden, ist einfach. Die Kālāmas werden nicht töten, sie werden nicht nehmen, was nicht gegeben wurde, sie werden nicht das Weib eines anderen nehmen, sie werden nicht zu ihrem eigenen Schaden anstiften. Diese Anordnungen werden ganz natürlich aus der Erfahrung der Kālāmas und aus ihrer Reflexion über die Geschicklichkeit erwachsen.

Dieser Rede scheint zunächst einmal eine gewisse Aktualität eigen. Es gibt Grund zu der Annahme, daß die Regierungsform der Kālāmas wie die ihrer Nachbarn, der Sakyas, dem Volk des Buddha, eine unabhängige, oligarchische Republik gewesen war und die Kālāmas, soweit die Erinnerung zurückreichte, relativ autonom waren. Inzwischen waren sie jedoch der Macht des Kosala-Königs unterworfen, ein Schicksal, das die Sakyas bald teilen sollten, und in ihrem Wirtschaftsleben müssen sie die Anziehungskraft der fernen Hauptstadt der Kosalas gespürt haben. Diese politischen und ökonomischen Kräfte zogen die Kālāmas aus ihrer relativ einfachen und geschlossenen Stammesgesellschaft in die komplexe Welt der Ganges-Zivilisation hinein, und diese Erschütterungen wurden noch verstärkt durch neue kulturelle Formen, die Ausdruck fanden in den widersprüchlichen Ratschlägen jener Botschafter der Ganges-Region, der Wandermendikanten.

Man kann es sich eigentlich nicht denken, daß die Verbote des Tötens, Lügens, Stehlens und so weiter den Kālāmas völlig neu waren: Ihre eigene Ahnenkultur muß ihnen analoge Verbote auferlegt haben. Es ist kaum vorstellbar, daß eine Gesellschaft überleben konnte, die diese Werte nicht in irgendeiner Form vertrat, zumindest soweit dies die Mitglieder der eigenen Gesellschaft berührte. Es ist für Gesellschaften wie die älteren Kālāmas jedoch charakteristisch, daß diese Werte nicht begründet werden, sondern nur aufgrund von Traditionen und Gebräuchen aufrechterhalten und in Legenden und Ritualen mit Leben erfüllt werden. Unter den veränderten Umständen hatten diese überlieferten moralischen Traditionen indessen ihre nie in Frage gestellte Vorherrschaft verloren, und daher eröffnete sich dem Buddha die Möglichkeit, eine neue Art des moralischen Denkens anzubieten, das sich von den ganz elementaren Grundsituationen menschlichen Lebens ableitete. Das hier vorgeschlagene sittliche Verhalten war nicht allein auf die Kālāmas gemünzt, sondern leitete sich von der bloßen Tatsache ab, überhaupt zu einer Gemeinschaft zu gehören, zusammenzuleben, die Möglichkeit zu haben, seine Gedanken zum eigenen Wohl oder dem Wohl anderer einzusetzen, wer immer es auch war. Diese Moral sollte für alle Lebenslagen gelten.

Aber der Buddha beabsichtigte mehr als nur eine neue Grundlegung für das sittliche Verhalten der Kālāmas. Den Anordnungen sollte nicht nur innerhalb der Gemeinschaft der Kālāmas gefolgt werden, sondern auch im Umgang der Kālāmas mit allen Menschen, seien sie Kālāma oder nicht: und die Kālāmas hatten schon mit vielen anderen Völkern zu tun. Es ist für viele kleine Gemeinschaften und kleine Gruppen innerhalb einer größeren Gesellschaft typisch, daß nur ihre Mitglieder

als vollwertige Bestandteile der moralischen Gemeinschaft zählen. Nun sollten die Kālāmas jedoch in ihrer
erweiterten Welt alle Lebewesen und auf jeden Fall die
Menschen der Ganges-Ebene in ihre moralische Gemeinschaft aufnehmen. Der Buddha vertrat eine universelle Moralität, die auf das den Kālāmas aufgezwungene,
mehr kosmopolitische Leben zugeschnitten war.

In dieser Hinsicht gründete die Lehre des Buddha für
die Laienschaft auf seinem Verständnis des sittlichen
Verhaltens, aber in der Rede gründet dieses Verständnis
fester noch auf seiner Lehre und Erfahrung, auf seiner
Analyse des menschlichen Seins und seinem Vorhaben
der Selbsttransformation. In seinen Lehrreden an die
Mönche betonte der Buddha, daß die Quellen des Leidens – Gier, Haß, Wahn – den eigenen Schaden herbei-
führen. Die Laien lehrte er jedoch, daß diese drei Quellen des Leidens ganz allgemein Schaden bringen, nicht
nur der eigenen Person.

> Wenn Gier in einem Menschen aufsteigt, wird dann
> nicht Schaden herbeigeführt? Oder wenn Haß oder
> Wahn in einem Menschen aufsteigen? Ist es nicht
> so, daß ein Mensch, dessen Geist von Gier, Haß
> und Wahn heimgesucht wird, mordet, stiehlt, lügt
> und so weiter? Und ist es nicht so, daß ein Geist,
> von diesen Dingen unbesiegt, alle diese Handlun-
> gen vermeiden kann?

In diesem Absatz bezeichnet »Schaden« sowohl den
Schaden, den man sich selbst zufügt, als auch den Schaden, den man anderen zufügt: Genauso wie Geschickt-
sein dem eigenen Wohl als auch dem Wohl anderer
dient, so fügt man Schaden sich selbst und anderen zu.
Dieser Punkt muß hervorgehoben werden, weil nicht
nur im Westen, sondern auch in späteren buddhistischen

Schulen versucht wurde, die Lehre des Buddha zu verwerfen oder zu verbessern, da sie das Wohl der anderen und die Existenz der Gesellschaft ignoriere. Obwohl sich der Buddha alles in allem mehr mit der Anatomie individueller Erfahrung als mit der Anatomie der Gesellschaft befaßte, wurde in seiner Lehre doch deutlich, daß ein Mensch immer auch ein Teil der Gesellschaft ist.

Darüber hinaus vertraut die Ansicht des Buddha, was ein Laie zu tun habe, damit sein Geist »unbesiegt« sei, nicht nur auf weise Reflexion. Einerseits setzt der Buddha bei Laien eine Vernunftbegabung voraus, die bei richtiger Anleitung geschickte, gute Lösungen für moralische Probleme finden wird. Laien können abschätzen, was zu tun ist. Andererseits aber ist diese Ansicht, die Laien eine Vernunftbegabung zuspricht, nur ein Teil, denn der Buddha meinte auch, daß Laien sich – bis zu einem ihrer Stellung angemessenen Grad – selbst transformieren können. Daher empfiehlt der Buddha in der Rede an die Kālāmas die Meditation über soziale Gefühle, besonders über die Herzensgüte. Laien sollen dies üben, indem sie allem und jedem mit Herzensgüte entgegentreten, »sich in-eins-setzen mit allen ... ihr Herz frei von Zorn oder Haß«. Das Ziel dieser geistigen Übung ist, Herzensgüte früher oder später zu einer bleibenden Gewohnheit und Antriebskraft des Handelns zu machen.

Daraus ergeben sich zwei wichtige Punkte. Zum einen bedeutet es, daß der Buddha nicht nur sagte, *warum* man geschickt handeln solle, sondern auch *wie* die manchmal unlenkbare menschliche Natur dazu gebracht werden kann. Der Buddha war insoweit ein Optimist, als er glaubte, daß Menschen zu geschicktem Vernunftdenken fähig sind, aber der Realist in ihm wußte, daß neben diesem Vernunftdenken auch eine Wandlung der

Gefühle erforderlich war. Man kann eine Handlungsweise für gut und geschickt halten und trotzdem nicht in
der Lage sein, sie in die Tat umzusetzen, und diese ganz
normale Schwäche wurde durchaus berücksichtigt.

Andererseits ist diese Praktik der Selbsttransformation insofern übertragbar, als sie grundsätzlich von jedem ausgeübt werden kann. Dies ist wichtig, da ein
Großteil menschlicher Erfahrung, und besonders die
außerhalb der Grenzen einer geschlossenen Gruppe wie
des buddhistischen Ordens, nicht zum eigenen Vorteil
manipuliert werden kann. Die Kālāmas unterlagen na-
türlichen Veränderungen, aber auch zunehmend gesellschaftlichen Veränderungen, die sich der Kontrolle oder
sogar dem Verständnis völlig entzogen. Hier gab es nun
aber etwas, auf das man Einfluß nehmen konnte: die eigenen Gewohnheiten und Antriebskräfte. Wenn man die
Welt schon nicht verändern konnte, so konnte man wenigstens sich selbst verändern. Eine Übung wie die Meditation über die Herzensgüte muß für Laienanhänger
natürlich zum Teil in ihrer Wirksamkeit davon abhän-
gen, wie man sich in eine buddhistische Gemeinschaft,
die auf diesen Werten beharrt, einfügt, aber letztlich sind
es die eigenen Anstrengungen, und diese sind auf einen
selbst gerichtet. Ein Kālāma, der in die Hauptstadt der
Kosala reist, und ein Kālāma, der seine angestammten
Felder pflügt, können sich beide gleichermaßen in Herzensgüte und Mitleid üben.

Das Lehrgespräch vor den Kālāmas ist vielleicht ziemlich zeitgebunden, aber wie das der Buddha es formulierte,
ist es wie so viele seiner Lehren für Laien auf jeden an-
wendbar, der sich in einer vergleichbaren Lage befindet.
Darin ist der Buddha auffallend modern, denn heute läßt
sich nur schwerlich ein Volk finden, das nicht in eine
noch grenzenlosere, komplexere, verwirrendere Welt ge-

zogen worden ist, als es für die Kālāmas damals in der Ganges-Zivilisation der Fall war. Gerade durch die Allgemeingültigkeit seiner Lehren sprach der Buddha eine Vielzahl möglicher Schicksale in der Erfahrung einer vielschichtigen Gesellschaft an, und diese Erfahrung der Komplexität trifft auf uns mindestens ebenso zu wie auf die alten Inder. Oberflächlich gesehen, gehorchen die Menschen heute wie damals dem Diktat einer verwirrenden Vielfalt unterschiedlichster Notwendigkeiten und Werte, aber es gibt einige Eigenschaften, die allen gemein sind: die Fähigkeit zu Kummer und Glück, die Fähigkeit, anderen zu schaden oder Gutes zu tun.

Diese Modernität entspricht in der Tat bestimmten Einsichten, die wir uns schwer erkämpft haben. Der Buddha zeigte seine Originalität darin, daß er sich der kulturellen Vielfalt in seinem Umfeld bewußt war; und er war fähig, in seinem Kanon zum Beispiel unterschiedliche Gruppen dazu anzuregen, sich an ihre jeweils überlieferten Sittenregeln und Religionen zu halten. Das heißt, der Buddha erkannte, daß die Werte eines Volkes in Bezug zu seiner eigenen Geschichte und Kultur gesehen werden müssen. Auch wir haben diese nicht reduzierbare Verschiedenheit der Werte erkannt: Wir nennen es kulturellen Relativismus und meinen damit, daß andere Gesellschaften nicht an unserer eigenen gemessen werden dürfen. Aber genauso wie kultureller Relativismus nicht dahingehend interpretiert werden kann, daß die Menschen nach völlig beliebigen Wertmaßstäben oder ganz ohne Maßstäbe leben, so trat der Buddha dafür ein, daß die Menschen sich *nur insoweit* an die Maßstäbe ihrer Ahnen hielten, als diese Maßstäbe sittlichen Normen, sittlicher Kompetenz folgten. In ähnlicher Weise lehrte der Buddha, daß menschliche Individuen nicht als isoliert, sondern als durch eine gewichtige, fol-

gerichtige Beziehung miteinander verbunden zu sehen
sind. Dies entspricht einer weiteren modernen Sichtweise, dem wachsenden Bewußtsein, daß Individuen
nicht als Einzelwesen verstanden werden dürfen, sondern untrennbar mit ihrem sozialen, gesellschaftlichen
Umfeld verknüpft sind.

Es gibt jedoch noch eine moderne Entwicklung, die
sich beim Buddha nicht findet, und das ist das vorrangige Interesse an der politischen Dimension der menschlichen Angelegenheiten. Die meisten Reden des Buddha
stellen drei Interessensbereiche vor, aus denen sich die
Welt des Menschen, wie sie der Buddha sah, zusammensetzte: einmal das Interesse des einzelnen an den Ge-
schehnissen in seinem eigenen Geist und Körper, das Interesse an persönlichen Beziehungen zu anderen und
das Interesse am Wohl aller empfindenden Wesen. Für
diese drei Bereiche – den psychischen Bereich, den sehr
eng gefaßten sozialen Bereich und die universelle Gemeinschaft aller Wesen – wollte er festhalten, wie die
Dinge waren und wie sie sein sollten. Aber diese Beschreibungen und Vorschriften sagen wenig darüber aus,
wie Menschen sich als Mitglieder einer politischen Gemeinschaft verhalten und wie sie sich verhalten sollten,
oder wie politische Gemeinschaften organisiert sein
sollten. Mit Sicherheit hat diese relative Gleichgültigkeit
gegenüber den Einzelheiten der Politik dazu beigetra-
gen, daß die Lehre des Buddha mit solcher Leichtigkeit
in die unterschiedlichsten politischen Systeme Eingang
gefunden hat.

Dies soll aber nicht heißen, daß der Lehre des Buddha
jegliches politische Interesse oder jegliche politische Im-
plikation fehlt. Soweit wir auf die Vorlieben des Buddha
schließen können, galten sie jener oligarchischen, egali-
tären oder republikanischen politischen Organisation,

nach der sich sein eigenes Volk richtete. Und wir wissen dies, weil seine Vorschriften für die Organisation des buddhistischen Ordens, die in einem langen biographischen Text über seine letzten Tage enthalten sind, neben sehr ähnlichen Vorschriften für ein anderes derartiges Volk stehen. Der Orden beziehungsweise die Menschen sollen ihre Angelegenheiten in Eintracht regeln, ihre Entscheidungen seien einstimmig, sie sollen den Ordensältesten Respekt bezeugen und sich ihnen fügen, aber wo die Ansichten der Ältesten der Lehre und dem Verhaltenskodex (oder der Tradition dieser Gruppe) widersprechen, soll man der Lehre folgen. Wäre es diesen Oligarchien beschieden gewesen, zu gedeihen und sich auszudehnen, hätten wir vielleicht altindische Demokratie- und Bürgerrechtstheorien erhalten, so wie wir sie vom alten Griechenland her kennen. Wahrscheinlich war die Oligarchie jedoch nie die vorrangige Regierungsform in Indien: Sie befand sich schon zu Lebzeiten des Buddha deutlich auf dem Rückzug und war bald völlig verschwunden. Die meisten Erfahrungen machte der Buddha in Königreichen, und kein König möchte etwas von radikalen politischen Ideen hören.

Also blieb dem Buddha nichts anderes übrig, als über Könige zu sprechen, wenn er überhaupt über Politisches sprechen wollte. Es sind uns eine Reihe faszinierender Texte überliefert, die ihre komplexe literarische Form erst nach dem Tod des Buddha erhielten, von denen einige aber mit ziemlicher Sicherheit die Ansichten des Buddha wiedergeben, und dort äußert er sich zum Königtum. Die wichtigste Botschaft besagt, daß Könige ebenso wie alle anderen der sittlichen Ordnung unterworfen sind, daß sie sich an das halten müssen, was moralisch und für die Gesellschaft geschickt/gut ist. Als es später buddhistische Könige gab, wurden diese Texte

ganz selbstverständlich dazu benutzt, eine spezifisch
buddhistische Theorie der Königsmoral aufzubauen.
In anderen Botschaften findet sich etwas, das wie eine
Empfehlung von Staatskapitalismus aussieht, daß nämlich der König Unternehmen finanzieren solle, um
dem Volk Wohlstand zu bringen; außerdem findet sich
eine Vertragstheorie der Monarchie, die besagt, daß
der König gewählt wird, weil er der schönste und beste ist und die Einheit des Volkes bewahren kann.
Diese Botschaften sind jedoch in äußerst ironischem,
sogar witzigem Ton abgefaßt – der Buddha erzählt einer erfundenen Figur (zum Beispiel Scharfzahn, dem
Brahmanen) eine leicht abstruse Geschichte –, was zur
Folge hat, daß der Buddha sehr weit hinter den Botschaften, die er zu vermitteln scheint, zurücktritt. Teil-
weise ist dieses Zurücktreten sicher durch die Art eines
Menschen bedingt, der der Welt entsagt hat und aus
der Perspektive der Erlösung auf Torheit und Unwich-
tigkeit selbst der imposantesten Staatsangelegenheiten
hinunterblickt. Der Kommentar ist jedoch nicht ohne
Schärfe, und dies bedeutet, daß der Buddha ein äußerst
klarsichtiger Beobachter des politischen Geschehens
gewesen sein muß.

Im Licht unserer höchst desillusionierenden Erfahrung, in welcher Art und Weise die Lehren der Vergangenheit in der Welt bisher ihre Anwendung gefunden
haben, könnten uns Zweifel kommen, ob irgendein Meister der Vergangenheit heute noch zwingend und relevant sein kann. Und man könnte im Fall des Buddha
weiterhin einwenden, daß seine Herrschaft nicht *welt-
weit* ist, sondern sich auf Sichtweisen des Kosmos wie
der Seelenwanderung gründet, die im Westen niemals
akzeptiert werden können. Aber ich habe zu zeigen versucht, daß die Philosophie des Buddha mit Dingen be-

faßt ist, die ihn jedem zugänglich machen, die ihm einen Platz in der Geschichte des Westens einräumen, wobei der Westen jedoch seine Sichtweise der eigenen Geschichte über seinen beschränkten Horizont hinaus ausdehnen muß, um sich dem Buddhismus zu öffnen. Der Buddha befaßte sich mit den physischen und psychologischen Grundlagen, auf denen menschliche Selbsttransformation möglich ist: Eine solche Beherrschung, ein solches Wissen sollte auch uns zu denken geben. Seine Lehre war auf eine Welt andersartiger politischer Philosophien und anderer Religionen ausgerichtet, eine Welt aber, in der bestimmte Grundwerte als Richtschnur der persönlichen Beziehungen dienen müssen, wenn wir überhaupt zusammenleben wollen. Und es ist nur schwer vorstellbar, daß diese Lehre für uns keine Bedeutung mehr haben sollte.

Die Geschichte vom Tod des Buddha wird in einem langen Text erzählt (D II 16), der, seiner mythischen Elemente entkleidet, die letzte Reise eines alten Mannes schildert. In Begleitung seines treuen Begleiters, des liebevollen, aber, wie der Text ihn schildert, ziemlich schusseligen Ānanda, wanderte der Buddha mühsam und von Krankheit geplagt mehr als hundertundfünfzig Kilometer nach Norden. Schließlich wurde er von einer Nahrungsmittelvergiftung niedergestreckt und lag nun in dem unbekannten Flecken Kusinārā darnieder.

Als es Ānanda bewußt wurde, daß der Buddha im Sterben lag, »ging er in ein Haus und lehnte sich weinend gegen einen Türpfosten«. Der Buddha rief Ānanda zu sich und sagte zu ihm:

Sei nicht traurig, weine nicht. Habe ich dir nicht gesagt, daß wir uns von allem, was uns lieb und teuer ist, trennen müssen, Abschied nehmen müssen, ab-

geschnitten werden? ... Du hast mir lange gedient
mit Körper, Wort und Gedanken, liebevoll, hilfreich, freudig, aus ganzem Herzen. Du hast dir damit gut getan, Ānanda. Strenge dich weiter an und
du wirst bald erlöst sein.

Anmerkung zu den Zitaten

Abkürzungen

Hinweise auf Werke im buddhistischen Kanon beziehen sich auf die von der Pali Text Society herausgegebenen Texte des Theravāda-Kanons. Der Buchstabe bezieht sich auf den jeweiligen *nikāya* (Sammlung), die erste Zahl auf den Band in diesem *nikāya* und die zweite Zahl auf die Seite in diesem Band. Wird zum Beispiel auf den *Majjhima Nikāya*, Band 2, Seite 91 verwiesen, so erscheint dies als M II 91. Wo ich mich auf eine ganze Schrift beziehe, gebe ich die Nummer der Schrift an, zum Beispiel M I Nr. 15. Die folgenden Abkürzungen werden verwendet:

D   *Dīgha Nikāya*
M   *Majjhima Nikāya*
A   *Anguttara Nikāya*
S   *Samyutta Nikāya*

Andere Hinweise beziehen sich auf das *Udāna* (U) und die *Paramatthajotikā* (P), ebenfalls in der Ausgabe der Pali Text Society; und auf die *Brhadāranyaka Upaniṣad* (B) und die *Chāndogya Upaniṣad* (C), bei denen Buch, Kapitel und Nummer des Abschnitts zitiert werden, so daß jede Ausgabe herangezogen werden kann.

Die Fachbegriffe sind in Pāli, wenn nicht ausdrücklich »Sanskrit« danebensteht.

Zur Aussprache

Die schlimmsten Fehler bei der Aussprache der Pāli-Begriffe lassen sich vermeiden, wenn man weiß, daß *c* dem deutschen *tsch* entspricht, *cetanā* also ungefähr tscheta-

naa ausgesprochen wird, und daß *h* nach einem Konsonanten bedeutet, daß dieser aspiriert ist. Diejenigen, die
Buddha korrekt aussprechen möchten, müssen wissen,
daß ein Doppel-*d* auch doppelt gesprochen wird, ähnlich
wie im Italienischen. Des weiteren gilt: *sh* wie *sch*, *j* wie
dsch und *v* wie *w*.

Die Sonderzeichen über bestimmten Buchstaben der
im Text transliterierten Wörter aus dem Pāli und Sanskrit geben die Aussprache dieser Buchstaben ungefähr
folgendermaßen wieder:

ā	langes *a*
ś	zwischen *s* und *sch*
ñ	*nj* wie in Champagner
ṭ, ḷ, ṇ	die Zunge stößt nicht wie im Deutschen an die Rückseite der Zähne, sondern berührt weiter hinten den Gaumen
ṣ	*sch*
ṃ	*ng*

Weiterführende Literatur

Über den Buddhismus ist schon viel geschrieben worden, einiges davon nur für Fachleute, anderes ziemlich irreführend, aber es sind auch sehr gute Bücher erschienen. Hier sind einige Vorschläge, die zu einem tieferen, umfassenderen Verständnis des Buddha, seiner Lehre und der Geschichte des Buddhismus führen.

In ganz anderer Art ist Bhikkhu Ñāṇamoli in *The Life of the Buddha* (Buddhist Publication Society, Kandy 1972) an die Biographie des Buddha herangegangen; sie ist über die Society in Kandy, Sri Lanka, erhältlich. Er erzählt die Geschichte des Buddha ausschließlich mit Hilfe genauer Übersetzungen aus den Pāli-Texten selbst. Dieses Buch ist mit seinem eigentümlich gewissenhaften und lakonischen Stil die vielleicht beste Einführung in die Pāli-Texte. Wiederum ganz anders geht Michael Pye in *The Buddha* (London: Duckworth, 1979) vor. Er vermittelt einen lebendigen Eindruck vom Leben des Buddha und den Geschichten und Mythen, die das Verständnis vom Buddha in der frühbuddhistischen Gemeinschaft prägten. Beide Bücher wären eine nützliche Ergänzung zu dem von mir gezeichneten Bild.

Für die Lehre des Buddha gibt es kein besseres Werk als Walpola Rahulas *What the Buddha Taught* (London: Gordon Fraser, 1967), dt.: *Was der Buddha lehrt* (Bern: Origo, ²1982). Es vereint klare Anschaulichkeit mit einem inbrünstigen Eintreten für den Buddhismus aus der Sicht eines praktizierenden Mönches. Nyanaponika Thera hat ähnlich anschaulich über die Hellblick-Meditation geschrieben, in *The Heart of Buddhist Meditation* (London: Rider, 1969). Diese beiden stützen sich auf die Theravāda-Tradition.

Für eine breiter angelegte Einführung in die Vielseitigkeit der buddhistischen Philosophie und Geschichte eignet sich besonders *The Buddhist Religion* (London: Dickenson, 1982) von Richard Robinson und Willard L. Johnson.

Daran anschließen könnte man das von Heinz Bechert und Richard Gombrich herausgegebene *The World of Buddhism* (London: Thames and Hudson, 1984), dt.: *Die Welt des Buddhismus* (München: C. H. Beck, 1984), das sich aus Artikeln über den Buddhismus und den buddhistischen Orden in jedem der buddhistischen Länder zusammensetzt. Obwohl es sich an ein breites Publikum wendet, stellt jeder Artikel die neueste Forschung auf seinem Gebiet dar.

Es wäre gut, wenn man diese Lektüre mit einem Kennenlernen der buddhistischen Texte selbst verbinden würde; diese sind in Henry C. Warrens *Buddhism in Translations* (London: Atheneum, 1963) oder in Stephen Beyers *Buddhist Experience: Sources and Interpretations* (London: Dickenson, 1974) zu finden.

Viele dieser Bücher enthalten nützliche Bibliographien, die dem Leser das weitere Studieren eines gewünschten Themas ermöglichen. Mein eigenes Interesse hat immer der Frage gegolten, wie der Buddhismus in buddhistischen Ländern heutzutage praktiziert wird. Zu diesem Thema ist Holmes Welchs *The Practice of Chinese Buddhism, 1900 bis 1950* (Cambridge, Mass., Harvard University Press, 1970) besonders ergiebig. Mein eigenes Verständnis des Buddhismus gründet sich auf Feldstudien in Sri Lanka, und ich habe darüber in *The Forest Monks of Sri Lanka* (Oxford: Oxford University Press, 1983) geschrieben. Dieses Bild streng praktizierter Meditation wird abgerundet durch Richard Gombrichs *Precept and Practice* (Oxford: Oxford University Press, 1971), das sich mit den Glaubensrichtungen und Praktiken des Volksbuddhismus in Sri Lanka befaßt.

Anmerkung der Übersetzerin: Eine ausführliche Bibliographie zum Buddhismus, auch für den deutschen Leser, findet sich im *Lexikon der östlichen Weisheitslehren. Buddhismus – Hinduismus – Taoismus – Zen*, hrsg. von Ingrid Fischer-Schreiber [u. a.], Bern/München/Wien: Scherz/O. W. Barth, 1994.

Der Weg des Buddhismus nach Ostasien

Von Günther Debon

Noch im selben Jahr, da der Buddha gestorben war, fand »vermutlich« – wie Michael Carrithers in seiner behutsamen Art geschrieben hat – ein erstes Konzil statt. Es soll an einem Berghang von Rājagṛha, der Hauptstadt im Königreich Magadha, gewesen sein; fünfhundert Mönche und Nonnen sollen sich dort versammelt haben. Einberufen hatte das Konzil, wenn wir der Tradition vertrauen, Mahākāśyapa, »der große Kāśyapa«. Er hatte den persönlichen Begleiter und Vetter des Erleuchteten, Ānanda, ausersehen, die wahre Lehre, den Dharma des Meisters, wortgetreu zu zitieren; der bescheidene Upāli brachte sein Wissen um die Mönchsdisziplin, den Vinaya, ein. Die Weitergabe geschah ja mündlich nach einer gemeinsamen Rezitation, mit einem Gedächtnisvermögen, das dem modernen Menschen unvorstellbar ist.

Etwa hundert Jahre später, um 383 v. Chr., hatten die Meinungsverschiedenheiten über die Mönchszucht ein weiteres, auch im Westen nicht angezweifeltes Konzil nötig gemacht. Siebenhundert Teilnehmer sollen acht Monate lang in einem Garten der Stadt Vaiśālī versammelt gewesen sein, eines Handelszentrums, zugleich Hauptstadt der Vajji-Stämme. Mönche dieser Stämme hatten sich gegen die allzu strengen Gebote aufgelehnt, die schon das Bewahren von Salz oder das Einnehmen von Mahlzeiten nach dem Mittagessen untersagten. Doch den Rebellen war kein Erfolg beschieden. In der Folge wird der Buddhismus in zwei Lager gespalten sein: in das der Theravādin, »Anhängern der Lehre der Alten«, einerseits und das der Mahāsaṃghika, der »Mitglieder der großen Mönchsgemeinde«, andererseits. Ein ebenso unerfreuliches Ergebnis des zweiten Konzils war die Ausweitung des Urkanons durch Einschübe, die eher verwirren als klären. Auch wurde der Kanon wiederholt geändert, um die Allwissenheit des Buddha nicht in Frage zu stellen.

So stark die Botschaft Buddhas dem menschlichen Heilsverlangen entgegenkam, hätte sie kaum das bestehende Brahmanentum und den konkurrierenden Jainismus verdrängen können, wenn nicht im 3. Jahrhundert v. Chr. ein machtvoller Herrscher sich zu ihr bekehrt hätte. Anders als der realpolitisch denkende römische Constantin war König Aśoka von der neuen Erlösungslehre zutiefst ergriffen und verwandelt worden. Seine Maurya-Dynastie beherrschte den größten Teil Indiens. Anfangs hatte Aśoka ein tyrannisches Regiment geführt, das nicht vor dem Mord an zahllosen Verwandten und Würdenträgern zurückgeschreckt war. Nach der Bekehrung durch den Dharma wurde der König zum Pazifisten. »Alle Menschen sind meine Kinder«, lautet ein Satz seiner Edikte, die er, in Felsen und Steinstelen gemeißelt – den ältesten Schriftdenkmälern Indiens –, im ganzen Lande verkünden ließ. Darin verbot Aśoka das Töten jeglichen Lebens, er befahl das Errichten von Hospitälern für Menschen und Tiere sowie die Anpflanzung von Bäumen an den Straßen.

Der König ernannte sich selbst zum Oberhaupt der buddhistischen Kirche, ließ angeblich 84 000 Stūpas, das sind kuppelförmige Mahnmale, bauen und sandte Missionare nach allen Teilen Indiens, ja bis nach Griechenland. Zeitweise lebte Aśoka selbst im Kloster. Es wird berichtet, er habe all sein Eigentum dem Klerus übergeben; beinahe hätte Aśoka das ganze Reich der Kirche vermacht.

Sein Sohn Mahinda bekehrte die Insel Laṅkā, das spätere Ceylon, zum Buddhismus. In den dortigen Klöstern wurde der Kanon in seiner Pāli-Sprache mündlich tradiert, bis ihn die Mönche im 1. Jahrhundert v. Chr. auf Palmblätter niederschrieben. So wurde Ceylon, heute Śrī Laṅkā, zur bleibenden Heimstatt des Urbuddhismus.

Einzelne Chinesen werden schon vor der Zeitenwende mit dieser Religion in Berührung gekommen sein, und zwar in dem von ihrer Han-Dynastie beherrschten Tarimbecken. Das früheste amtliche Datum ist das Jahr 65 n. Chr., als ein Bruder des Kaisers Ming vom Buddha gehört und seinem Bruder davon berichtet hatte. Der soll daraufhin eine Gesandtschaft nach Indien geschickt haben, und 67 n. Chr. sollen zwei indische Mönche mit heiligen Schriften an den Kaiserhof in Loyang gekommen sein.

Mit den beiden Mönchen wird ein kleiner Text verbunden, das »Sūtra der 42 Abschnitte«. Es existiert keine Sanskrit-Vorlage des Traktates, der gewiß dazu bestimmt war, dem chinesischen Kaiser die Grundzüge der nun geltenden Lehre zu vermitteln. So lautet der 19. Abschnitt:

> Der Buddha sagt: Betrachte Himmel und Erde und bedenke, daß sie keinen Bestand haben. Betrachte den Weltenkreis und bedenke, daß er keinen Bestand hat. Betrachte dieses geistige Erwachen als Bodhi. Mit solcher Einsicht hat man alsbald den rechten Weg (*dao*) erlangt.

Abschnitt 20:

> Der Buddha sagt: Bedenke die vier großen Elemente, die den Körper bilden. Jedes von ihnen hat

einen Namen, aber keins von ihnen hat ein Ich.
Also gibt es kein Ich; es ist lediglich eine Täuschung.

Abschnitt 23:

Der Buddha sagt: Ein Mensch, der sich an Weib und
Kind, Haus und Heim bindet, ist schlimmer dran
als ein Gefangener. Der Gefangene wird nach einer
bestimmten Frist wieder frei; Weib und Kind aber
denken nicht daran, jenen zu verlassen ...

Abschnitt 24:

Der Buddha sagt: Kein Verlangen ist stärker als das
nach leiblicher Liebe. Das Begehren nach leiblicher
Liebe hat nicht seinesgleichen. Halte dich nur an
das Einssein. Kein Mensch unter dem Himmel, der
den rechten Weg beschreiten kann, wenn er die
Zweiheit anerkennt.

Diese Verneinung der Familie und Nachkommen-
schaft war für den Chinesen etwas durchaus Fremdes, ja
Frevelhaftes. Empfahl der philosophische (nicht der
volkstümliche) Daoismus auch eine Beschränkung im
Geschlechtlichen, lag ihm eine völlige Enthaltsamkeit
fern. So war auch das Mönchtum mit seinen Klosterre-
geln etwas grundlegend Neues.

Andererseits trafen Buddhismus und Daoismus ein-
ander in ihrer Abkehr vom staatlichen Leben und ihrer
Verneinung der Antinomien. Einige Stellen aus dem
»Sūtra der 42 Abschnitte« könnten wörtlich im *Dao-
Dê-ging (Tao-Tê-king)* oder im Buch *Dschuang-dse* (4./
3. Jh. v. Chr.) stehen, so Abschnitt 18:

Der Buddha sagt: Meine Lehre ist, zu denken das
Denken des Nichtdenkens, zu tun das Tun des

Nichttuns, zu sprechen die Sprache des Nichtsprechens, zu üben die Disziplin der Disziplinlosigkeit. Wer dieses erfaßt, ist ihm nah, wen aber die Täuschung blendet, der ist ihm fern …

Wohl nicht zu Unrecht ist vermutet worden, daß bei der Formulierung dieses Sūtra daoistische Helfer am Werk gewesen sind.

Die Quintessenz des Buddhismus ist vielleicht in acht Versen aus dem »Sūtra der Achtfachen Erleuchtung« enthalten, das noch in der Späteren Han-Zeit (25–220) ins Chinesische übersetzt worden ist. Die »Großen Vier«, die darin genannt werden, sind die vier Elemente der abendländischen Vorstellungswelt: Erde, Wasser, Feuer, Luft. Die »Fünf Bündel« (*pañca skandhāḥ*) sind die fünf Komponenten des menschlichen Körpers und Geistes (siehe S. 79). Die Verse lauten:

Die Welt ist nicht von Ewigkeit;
Des Reiches Erde birgt Gefahr.
Die Großen Vier sind schmerzhaft, leer;
In den Fünf Bündeln ist kein Ich.
Ein Quell des Bösen ist dein Herz;
Ein Sumpf der Sünden ist dein Leib.
Nur wer die Dinge so beschaut,
Wird von Geburt und Tod allmählich frei.

Die Leugnung einer Existenz des Ich war besonders im Sarvāstivāda zu Hause, einer Sekte, die sich im 2. vorchristlichen Jahrhundert gebildet hatte, mit Zentren in Mathurā, Gandhāra und Kaśmīr. Die Fragen des griechischen Königs Menandros im indischen Fünfstromland, die vom ehrwürdigen Nāgasena beantwortet wurden, liefern ein gutes Beispiel für die folgenschwere These. Die Abfassung dieses Zwiegesprächs ist wohl im 1. Jahrhundert v. Chr. anzusetzen. In China war der Gedanke einer Ichlosigkeit, allerdings als Forderung und nicht konsequent erhoben, ebenfalls vom Daoismus vertreten worden.

Daß die Welt »leer«, das heißt eine Illusion sei, wurde zuerst in einer Gruppe von Schriften betont, die als »Vollkommenheit der Einsicht«, *Prajñāpāramitā*, bekannt ist. Aber auch in chinesischen Sammelwerken wie dem *Dschuang-dse* oder *Liä-dse*, zumindest in einigen Kapiteln, wird das Traumhaft-Illusionäre der Welt anschaulich dargestellt.

Ganz unchinesisch dagegen die altindische Überzeugung von einer ständigen Wiedergeburt, wie der letzte zitierte Vers sie anspricht und ohne die dem Lehrgebäude des Buddha der Boden entzogen würde.

Wenn dieser trotz allem in China Fuß fassen konnte, war der Grund vermutlich, daß das geplagte Volk in ihm einen Trost fand, den die standesgebundene Morallehre des Konfuzius und die esoterische Mystik des Daoismus nicht gewährten.

Weiterhin wird das Liebeswerk der Mönche selbst, ihre vorgelebte Botschaft, alles Lebendige zu schonen, die Bevölkerung überzeugt haben. Nicht zu vergessen sodann die Beziehung der Mönche zum Magisch-Wunderbaren, das keine Religion entbehren kann.

Schließlich waren die buddhistischen Missionare – ähnlich den christlichen Mönchen unseres Mittelalters – in allerlei Künsten bewandert, in Astronomie, Mathematik, Medizin, Sprachwissenschaft und anderen. Übrigens stammten etliche der bedeutenden Missionare nicht aus Indien, sondern aus dem Partherreich oder aus Zentralasien. Einer der aktivsten Missionare im 2. Jahrhundert war ein Partherprinz, der auf den Thron verzichtet hatte, um in China die Lehre des Buddha zu verpreiten. Unter den von ihm übersetzten Werken ist wohlbemerkt eins, das mehr als vierhundert Krankheiten behandelt.

Die Missionierung in Zentral- und Ostasien war letztlich dem König Kaniṣka zu verdanken. Dieser regierte von 78 bis um 100, nach anderen Berechnungen von 128 bis um 150 oder gar von 144 bis 166 als Herrscher der Kuṣāṇa-Dynastie im Nordwesten Indiens. Nach einer militärischen Niederlage war sein Vater von der chinesischen Han-Dynastie zu Tributleistungen gezwungen worden. Kaniṣka nun sagte das Tributverhältnis auf und entriß den Han-Kaisern einige Gebiete Westturkestans. In der Ebene von Gandhāra residierend, verlieh Kaniṣka der buddhistischen Kunst ein Gepräge im römisch-hellenistischen Stil, nachdem der Nordwesten des Landes einmal dem Weltreich Alexanders des Großen zugehört und zwischen 185 und 75 v. Chr. noch einmal unter griechischer Vorherrschaft gestanden hatte.

Ein halbes Jahrtausend lang war die Darstellung des Erhabenen verpönt gewesen. Nur durch Symbole wie Säule, Baum, Fußspur oder das Rad der Lehre war der Buddha sichtbar gemacht worden, und auch im aufragenden Stūpa wurde seine Person verehrt. Sporadisch im 1., dann im 2. Jahrhundert entstanden jetzt die frühesten Buddha-Skulpturen, in der Stadt Mathurā wie im Gandhāra-Gebiet, bald in Südindien und auf Laṅkā-Ceylon. In dieser Form trat der Buddha auch im Bild seinen Weg nach Ostasien an, und das lächelnde Antlitz des Erleuchteten wird ein weiteres, gewichtiges Argument für den Sieg des Buddhismus im Fernen Osten gewesen sein.

Voraussetzung dafür war jedoch ein Konzil, das König Kaniṣka einberufen hatte, um die geistige Gestalt der Religion festzulegen. Denn wie schon deutlich gewor-

den, hatte sich die ursprüngliche Selbsterlösungslehre
Gautamas erheblich gewandelt. Einerseits war sie in der
Händen der von logischem Scharfsinn bestimmten indischen Denker zu einer Philosophie reinster Abstraktheit
geworden; andererseits hatte der Buddhismus sich mit
Elementen der Volksreligionen vermischt. Im Zuge dieser Entwicklung war Buddha zum Gott geworden und
bildete sogar mit anderen Göttern eine Trias. Unge-
zählte Halbgötter und Heilige füllten das Pantheon der
jetzt von einem Völkergemisch getragenen Religion.
Ihre Anhänger nannten sie das »Große Fahrzeug«, Mahāyāna, und werteten die Theravadin als »Kleines Fahrzeug«, Hīnayāna, ab. Während die Leitfigur des letzte-
ren der Arhat ist, ein Heiliger, der nach diesem Leben
ins Nirvāṇa eingehen kann, ist die Leitfigur des Großen
Fahrzeugs der Bodhisattva, das »Erleuchtungswesen«,
ein Heiliger, der auf das Eingehen ins Nirvāṇa so lange
verzichtet, bis der letzte Mensch erlöst ist.

Der Mahāyāna-Buddhismus nun wurde auf dem
Konzil des Kaniṣka offiziell anerkannt und verbreitete
sich auf den durch diesen König geöffneten Wegen in
den Stadtstaaten des Tarimbeckens.

In China gewann das Große Fahrzeug um so schnel-
ler an Boden, als die konfuzianisch gesonnene Han-Dynastie zusammengebrochen und das Reich in drei Teil-
staaten auseinandergefallen war. Am Ende des 3. Jahrhunderts ragten 42 Stūpas über Lo-yang, der Hauptstadt
des nördlichen Teilstaates We.

Im Anfang des 4. Jahrhunderts erfolgt ein Massenein-
bruch nördlicher Nomadenvölker. Den Nordwesten beherrscht der Tibeter Fu Giän in der alten Hauptstadt
Tschang-an. Dorthin wurde der Mönch Dao-an ver-
schleppt, doch Fu Giän behandelte ihn gut. Der Mönch

konnte Schüler um sich scharen und mit einer Mannschaft von Übersetzern Sūtren von »mehr als einer Million Wörtern« ins Chinesische übertragen. Dao-an begründete eine eigene Schulrichtung des Buddhismus, die Sekte des »Ursprünglichen Nichtseins«. Danach geht das Nichtsein aller Entwicklung voraus und das Leere allen Formen. Das Verhängnis des Menschen liege darin, daß er in die sekundäre Welt des Seins hineingeboren ist. Sobald er mit seinem Herzen im ursprünglichen Nichtsein weile, kämen seine falschen Gedanken zur Ruhe. Das klingt noch sehr daoistisch.

Ein anderer Kult spielte zwischen dem 4. und 7. Jahrhundert eine wichtigere Rolle: der Kult des Maitreya, des »Liebreichen«. Dieser Bodhisattva residiert im Himmel der Glückseligkeit, um 30 000 Jahre nach dem Erlöschen Buddhas, gemäß anderer Tradition 5670 Millionen Jahre danach, auf die Erde zu kommen und die Menschheit zu erlösen. Diese Messiasgestalt war von der persischen Eschatologie geprägt.

Eine Glaubensrichtung von noch weiter reichenden Folgen nahm ebenfalls in jener Zeit Form an: die »Lotos-Sekte«. Ihre Anfänge gehen auf jenen Partherprinzen zurück, der als Missionar nach China gekommen war. Als Begründer der Lotos-Sekte im engeren Sinne gilt ein Schüler des erwähnten Dao-an, der Abt Hui-yüan (333–416). Sein Kloster lag auf dem Lu-schan, dem »Hüttenberg«, etwas südlich des mittleren Yang-dse, einem luftigen Gebirge, auf dem schon in früher Zeit Einsiedler ihre Hütten errichtet hatten.

Die Schrift, welche Hui-yüan seiner Lehre zugrunde legte, ist die »Beschreibung des Glücklichen Landes« (*Sukhāvatī-Vyūha*), die zwischen 147 und 713 zwölfmal ins Chinesische übersetzt worden ist. Es ist die Beschreibung eines Paradieses im Westen, auch das »Reine Land

des Westens« genannt und von einem »Buddha des uner-
meßlichen Lichts«, dem Buddha Amitābha, regiert. Wer
nach dem Tode wiedergeboren wird, aus einer Lotosblüte hervorkommend – die Frauen als Männer –, dem
wird ein ewiges Leben der Seligkeit zuteil. Amitābha
verleiht solche Wiedergeburt denen, die an ihn glauben,
in einer wesentlich späteren Popularisierung dieser
Lehre schon denen, die seinen Namen anrufen. Kein
Wunder, daß die leicht faßliche Erlösungslehre ein wei-
tes Echo fand und noch heute lebendig ist.

Der Abt Hui-yüan ist es auch gewesen, der die Auto-
nomie der Kirche gegenüber dem Staat gefordert hat. Sie
beschwor immer wieder Gefahren für die öffentlichen
Belange herauf, da die Mönche vom Wehr- und Fron-
dienst befreit waren. Auch unterstanden sie nicht der
staatlichen Gerichtsbarkeit.

Nachdem die Chinesen den Tibeter Fu Giän 383 entscheidend geschlagen hatten, konsolidierte sich im Norden ein Volk vermutlich türkischer Herkunft, das sich
Tabgatsch nannte, in der modernen Peking-Aussprache
To-ba. 430/431 besetzten die To-ba einen großen Teil
der heutigen Provinz Honan mit der Hauptstadt Lo-
yang. 440 bilden sie den mächtigsten Staat Ostasiens und
beherrschen Nordchina. Durch Übernahme des Dyna-
stienamens We bekundeten die To-ba, daß sie sich als
rechtmäßige Kaiser Chinas fühlten. Der Kaiser im Süden wird als Rebell angesehen.

Die Staatsreligion der We-Dynastie war der Buddhismus. Dessen Lehre von der Gleichheit aller Menschen
mußte einem Volk willkommen sein, das eine Urbevöl-
kerung mit konfuzianisch begründetem Überlegenheits-
anspruch zu regieren hatte. Der Sieg des Buddhismus
wurde um so leichter, als sich die Mönche, im Gegensatz

zur sonstigen Praxis, dem To-ba-Kaiser unterstellten, nachdem er von der Kirche zur Wiedergeburt des Buddha erklärt worden war.

Zugleich machten die Buddhisten sich einen alten Mythos des Turkvolkes zunutze, nach welchem dessen Ahnen aus einer heiligen Höhle in die Welt gekommen waren. So konnte man mit kaiserlichen Geldern riesige Höhlentempel nach indischem Vorbild ausbauen. Der erste Tempel der To-ba befindet sich westlich ihrer ersten Hauptstadt, des heutigen Da-tung, in einem vom Wind erodierten Sandsteinmassiv, das den Namen Yün-gang, »Wolkenhügel«, trägt. Tausende zum Teil überlebensgroßer Gestalten von Buddhas und Bodhisattvas sind dort aus dem Felsen gehauen, ursprünglich mit einer bunten Stuckschicht überzogen.

Eine zweite Tempelanlage dieser Art wurde mit der Verlegung der Hauptstadt nach Lo-yang im Jahre 493 errichtet, und zwar etwas südlich davon, am »Drachentor« (Lung-men). Dort entstanden im Laufe der Zeit über 1000 Grotten mit fast 100 000 größeren und kleineren Statuen sowie 3600 Inschriften.

Als bedeutendster Missionar jener Zeit ist Kumārajīva zu nennen, der 402 nach Tschang-an kam, auch er zunächst als Gefangener. Sein Vater war Inder, seine Mutter eine Prinzessin aus Kutscha, einem Stadtstaat im Tarimbecken.

Kumārajīva hat China recht eigentlich mit der indischen Glaubenswelt und Denkweise vertraut gemacht. Zusammen mit einem Übersetzerstab erschloß er »hundert« heilige Schriften, darunter das »Sūtra von der Lotosblüte des wunderbaren Gesetzes« (*Saddharma-puṇḍarīka-sūtra*), eine der wichtigsten Schriften des Mahāyāna-Buddhismus, deren Vollendung um 200 n. Chr. anzusetzen ist.

Auch in ihr predigt der Buddha auf dem bekannten Geiergipfel bei der Hauptstadt des Landes Magadha, doch ist er als Manifestation des Absoluten aufzufassen, und zwölftausend Arhats, Tausende von Bodhisattvas, Göttern und Geistern lauschen ihm. Die drei Fahrzeuge der Śrāvakas (»Hörer«, die noch den historischen Buddha erlebt hatten), der Pratyeka-Buddhas (der »Einsam Erwachten«) und der Bodhisattvas wären danach auf das Fassungsvermögen der einzelnen Menschen zugeschnitten. In Wahrheit gäbe es nur *ein*, nämlich das Buddha-Fahrzeug. Jedes Wesen hat Anteil an der Buddha-Natur und kann zum Erleuchteten werden. Im sechsten und siebenten Buch des »Lotos-Sūtra« werden verschiedene Bodhisattvas vorgestellt, als wichtigster der Avalokiteśvara, chinesisch Guan-yin, japanisch Kannon, der Bodhisattva der Barmherzigkeit, welcher nun auch in der Kunst einen prominenten Platz einnehmen wird.

Des weiteren übersetzte Kumārajīva mit seiner Mannschaft das *Vimalakīrti-nirdeśa-sūtra*, das »Sūtra von der Predigt des Vimalakīrti«. Das wohl im 2. Jahrhundert n. Chr. entstandene Sanskrit-Original ist verloren. Es handelt von dem reichen Kaufmann Vimalakīrti, einem Laienanhänger des Buddha, der so heilig war, daß er sich unbeschadet dem Wein, dem Glücksspiel und den Frauen hingeben konnte. Als er einmal krank daniederlag, wollte der Buddha sich nach dem Befinden Vimalakīrtis erkundigen und einen Bodhisattva deshalb aussenden. Aber keiner der Bodhisattvas wagte, den Kaufmann aufzusuchen, dessen Scharfsinn gefürchtet war. Einmal hatte Vimalakīrti sogar bewiesen, daß das wahre Sitzen in Meditation darin bestünde, daß man den Geschäften des Tages nachging.

Schließlich erklärte sich Mañjuśrī, Bodhisattva der Weisheit, bereit, in Begleitung von achttausend Bodhisattvas, fünfhundert Śrāvakas und hunderttausend Himmelswesen dem Kranken seine Aufwartung zu machen. Damit kann die lange Predigt des Vimalakīrti beginnen. Vielgerühmt seine Antwort auf die Frage des Besuchers nach der Nicht-Zweiheit: Er beantwortet sie durch ein »donnerndes Schweigen«. Ähnlich überraschend seine Erzählung von einem Reich, in welchem es weder geschriebene noch gesprochene Worte gäbe, wo der Dharma vielmehr mit verschiedenen Düften gepredigt würde. Besonders der Gedanke, daß Reichtum und Heiligkeit zu verbinden wären, hat dieses Sūtra in Ostasien populär gemacht. In China hatte der Daoismus mit der Gestalt eines »Eremiten am Hof und auf dem Markt« einen vergleichbaren Kompromiß entwickelt.

Eine nachhaltige Wirkung übte das *Vimalakīrti-nirdeśa-sūtra* auf den indischen Philosophen und 14. Patriarchen Nāgārjuna im 2. Jahrhundert aus, der es auffallend oft zitiert. Auch die Schriften dieses religiösen Denkers hat Kumārajīva ins Chinesische übersetzt. Sie werden mit dem Terminus Mādhyamaka, »Lehre vom Mittleren Weg«, zusammengefaßt. Deren Zentralbegriff ist die Leerheit (*śūnyatā*), welche bedeutet, daß wir von nichts eine Aussage machen können, daß alles sowohl seiend wie nicht-seiend ist, oder mit den Worten des Nāgārjuna:

Es wird geboren nicht und geht auch nicht
    zugrunde,
Ist nicht beständig, und es endet nicht,
Ist eines nur und ist zugleich verschieden,
Es kommt nicht her und geht auch niemals fort.

Das Schwinden der Vorstellung von Sein und Nichtsein ist das Nirvāṇa. Seiner strengen Logik folgend, muß

Nāgārjuna zu dem Schluß gelangen, daß zwischen dem Nirvāṇa und dem Saṃsāra, dem verhängnisvollen Kreislauf des Lebens, kein Unterschied sei, womit er die Lehre des Buddha freilich umkehrt.

Der erste Mönch von Rang, der auf chinesischem Boden den Mittleren Weg vertrat, war ein Schüler, vielleicht der Lieblingsschüler Kumārajīvas. Er hieß Seng Dschao, das heißt »der Mönch Dschao« (384–414). Er hatte als Daoist begonnen und die Bücher des Lao-dse und Dschuang-dse studiert, ehe er – durch das *Vimalakīrti-sūtra* – zum Buddhismus bekehrt wurde. Seng Dschao schrieb mehrere Traktate, die den Gedanken des Mittleren Weges weiterspannen und die vom späteren Zen-Buddhismus gern zitiert worden sind.

Ein anderer Schüler des Kumārajīva namens Dschu Dao-scheng (um 360–434) kann mit noch größerer Berechtigung als ein Vorläufer, wenn nicht als Wegbereiter des Zen gelten: dadurch nämlich, daß er die Worte der heiligen Schriften verwarf. Er bezeichnete sie, mit einem *Dschuang-dse*-Zitat, als Reusen, mit denen man zwar die Fische fängt, die man aber vergißt, sobald der Fang getan ist.

Es mag verwundern, daß all die genannten Theoreme und Kontroversen fast ausschließlich um Fragen der Erkenntnis und Metaphysik kreisen, während Fragen der Moral nicht berührt wurden. Wir müssen annehmen, daß deren Gebote keiner Diskussion bedurften. Hinzu kommt aber, daß die Moral von den Anhängern des Mittleren Weges einer niederen Welt menschlichen Tuns zugeordnet wurde, während die Probleme der Existenz und der Wahrheit in höheren Bereichen angesiedelt wurden. Danach waren das Wirken und die Lehre des historischen Gautama Buddha eine Konzession an die blinde Menge gewesen, ein Stück Blendwerk dieser Welt selbst.

Nach einer Legende hat gleichzeitig ein Buddha im Himmel die absolute Wahrheit verkündet, und Nāgārjuna habe sie auf die Erde gebracht. Ein Schüler von ihm, Āryadeva, hat die Stufenfolge von sittlichem und existentiellem Gebot in vier Versen lapidar zum Ausdruck gebracht (in der Übersetzung von Wilhelm Gundert):

> Fern sich halten erst von allem Unrecht,
> Dann sich ferne halten von sich selbst.
> Alles ferne halten letzten Endes.
> Wer sich darin auskennt, hat Verstand.

Wenn Nāgārjuna in China dem Buddha gleichgestellt, ja bisweilen über ihn gestellt worden ist, mag das nicht zuletzt darin begründet sein, daß man im Reich der Mitte schon seit geraumer Zeit mit dem Gedanken des Sowohl-als-auch, des Weder-noch vertraut war.

Der Enthusiasmus, mit dem der Buddhismus dort aufgenommen wurde, läßt sich auch an den Pilgerreisen ablesen, die seit dem 5. Jahrhundert ins Land seines Ursprungs unternommen wurden. Der erste und zugleich bedeutendste jener Pilger hieß Fa-hiän. Noch jung an Jahren, brach er mit wenigen Begleitern 399 nach Indien auf, wo er nach sechsjährigem, entbehrungsreichem Marsch durch Zentralasien anlangte. Fa-hiän war vor allem an den Schriften zur Klosterzucht interessiert, die in China bis dato recht ungeregelt war. 414 kehrte er auf dem Seewege über Ceylon und Sumatra heim. Fa-hiäns Berichte sind höchst aufschlußreich. Nordindien erlebte damals eine Blütezeit unter der Gupta-Dynastie, und Fa-hiäns Beschreibung mutet wie eine Utopie an: ein Land ohne Steuern und Körperstrafen; kein lebendes Geschöpf wird getötet; es gibt keine Fleischerläden und

Spirituosenhändler: Der beherrschende Einfluß des Buddhismus wird hier deutlich. Der Pilger bemerkte freilich nicht, daß er dem Buddhismus in seiner Spätphase begegnet war; denn schon war das Brahmanentum im Begriff, seine verlorene Position zurückzugewinnen.

Auch in China regen sich die Gegenkräfte. Am Ende gelingt es dem Konfuzianismus, sich zu behaupten. Besonders als die Hauptstadt 493 nach dem alten Lo-yang verlegt worden war, konnte die Vormachtstellung des Buddhismus gebrochen werden; der Konfuzianismus wurde wieder zur offiziellen Staatslehre.

Im Süden, wo die ›rechtmäßigen‹ chinesischen Kaiser beim heutigen Nanking ihre Residenz hatten, folgten einige kurzlebige Dynastien aufeinander. Auch hier hatte der Buddhismus sich ausgebreitet. Tausende von Tempeln und Pagoden wurden gebaut, Tausende von Bildwerken errichtet. Vermutlich durch die Berührung mit dem Sanskrit wurde man sich der Tonalität der eigenen Sprache bewußt. Auch die Mathematik erhielt durch die indischen Missionare neue Impulse.

Dem Buddhismus zutiefst verbunden war Kaiser Wu, Begründer der Liang-Dynastie, der von 502–549 regierte. Er hatte die Regierung als Konfuzianer angetreten und das Doktorenkollegium der Fünf kanonischen Bücher des Konfuzianismus wieder ins Leben gerufen, das 136 v. Chr. von Kaiser Wu der Han-Dynastie gegründet worden war. Schon bald aber trat ein Wandel in der Gesinnung des Liang-Kaisers ein; er bekannte sich zum Buddhismus, den er während seiner langen Regierungszeit aufs großherzigste förderte, nicht zuletzt durch die erstmalige Sammlung buddhistischer Literatur. Mehrmals ließ der Kaiser sich den Kopf scheren und trat als einfacher Mönch ins Kloster ein, aus dem er sich nach wenigen Tagen von seinen Ministern freikaufen ließ.

511 empfing Kaiser Wu mit großem Gepränge eine Expedition, die nach Indien ausgeschickt worden war, um das berühmteste Buddha-Bildnis der Welt, die sogenannte Sandelholz-Statue – vermutlich in einer getreuen Kopie – einzuholen.

Der Kaiser verzichtete auf den Genuß von Fleisch und verbot, zur Entrüstung der Konfuzianer, das Schlachten von Tieren beim Staatsopfer, ja verbot sogar, Kleiderstoffe mit Darstellungen von Tieren zu schmücken, damit diese nicht zerschnitten werden könnten.

Mit dem Kaiser Wu verknüpft die Sekte des Meditations-Buddhismus ihren traditionellen Ahnherrn. Das Sanskritwort für Meditation, *Dhyāna*, wird im Chinesischen zu *Tschan* verkürzt und lautet in der sinojapanischen Aussprache *Zen*, gesprochen »(D)senn«. Diese Form hat sich eingebürgert, so daß sie im folgenden beibehalten wird. Die Versenkung im Sitzen, die Meditation, wurde schon in Indien von allen buddhistischen Sekten geübt; im Zen jedoch bildete sie den Mittelpunkt der Exerzitien, die zum Erwachen (chin. *wu*, jap. *satori*) führen sollten.

Als Begründer des Zen nun gilt Bodhidharma, Sohn eines indischen Brahmanen-Königs. Er war der 28. Patriarch der buddhistischen Kirche und hatte 520, wie es heißt, im Liang-Reich eine neue Heimat gesucht. Anschaulich wird uns die Begegnung Bodhidharmas mit dem Kaiser Wu geschildert. Danach sagte dieser: »Seit Unserer Thronbesteigung haben Wir unermüdlich Tempel erbaut, haben heilige Schriften herstellen lassen und Mönchen die Erlaubnis zum Eintritt ins Kloster gegeben. Wieviel Verdienst mögen Wir Uns dadurch erworben haben?« Bodhidharma antwortete: »Gar keins.« Der Kaiser: »Warum kein Verdienst?« Und Bodhidharma: »All dergleichen ist nur die wertlose Wirkung einer unvollkommenen Ursache, die keinen Bestand hat. Es ist der Schatten, der dem Gegenstand folgt und ist ohne wirkliches Sein.« Der Kaiser erkundigt sich weiter: »Was ist dann wahres Verdienst?« Der Patriarch erwiderte: »Es besteht in Reinheit und Erleuchtung, Tiefe und Vollkommenheit, es besteht darin, daß man, umgeben von Leerheit und Stille, ins Denken versunken ist ...« Der Kaiser, wohl unsicher über den Sinn des Gehörten, stellt eine andere Frage: »Welches ist der höchste Sinn der heiligen Wahrheit?« Bodhidharma sagt: »Im allseits Offnen gibt es kein Heiliges.« Der Kaiser, verwirrt und unwillig, ruft: »Wer ist es, der mir so entgegnet?« Bodhidharma: »Ich weiß es nicht.« Damit verließ er den Hof und floh vor dem gekränkten Kaiser nordwärts über den Yang-dse, um dort, im besetzten Stammland, sich der Meditation hinzugeben. Es heißt, er habe neun Jahre lang unbeweglich vor einer nackten Felswand im Sung-schan gehockt, bis ihm die Beine abgestorben waren.

Vieles in den Berichten über Bodhidharma ist nach der neueren Forschung ins Reich der Legende zu verweisen; ja, nach einer der Lehrmeinungen traf der Patriarch vermutlich schon 480 in China ein, also deutlich vor der Regierungszeit des Kaisers Wu. Dennoch gehören die Episoden, die sich um den ersten Patriarchen der Zen-Sekte ranken, zu jenem festen Bestand der Tradition, der durch unablässiges Wiederholen fast in den Rang des Faktischen erhoben worden ist.

Historisch ist dagegen, daß 541 der König von Paekche, einem Staat im heutigen Korea, den Kaiser Wu um buddhistische Sūtren sowie um Texte des konfuzianischen Kanons bat. Mit ihnen sandte der Kaiser auch Gelehrte, Handwerker und Maler nach Korea.

Mit der Wiedervereinigung des geteilten Reiches unter der Sui-Dynastie (589–617) wurde der Konfuzianismus, wie das immer unter einer Zentralmacht der Fall war, gefördert. Doch der Buddhismus dominierte weiterhin, und es wird mehr als eine Floskel gewesen sein, wenn der Begründer dieser Dynastie das Oberhaupt der Buddhistengemeinden so begrüßte: »Wir, Euer Schüler, sind der weltliche Himmelssohn, während Ihr, Meister, der geistliche Himmelssohn seid.«

Was den Meditations-Buddhismus betrifft, so war ihm mit dem dritten Patriarchen nach Bodhidharma eine starke Führerpersönlichkeit geschenkt: Seng Tsan, »der Mönch Tsan«. Auch er hatte als Daoist begonnen. Berühmt ist sein Lehrgedicht mit dem Titel »Meißelschrift vom Glauben an den Geist« (*Sin-sin-ming*). Die Herkunft dieses im Zen hochgeschätzten Gedichtes von der Mittleren Lehre des Nāgārjuna wird ebenso deutlich wie seine Nähe zum Daoismus, der Lehre vom »Weg« (*dao*). Die Anfangsverse lauten:

> Der höchste Weg ist gar nicht schwer,
> Nur mag er nicht das Wählen und das Klauben.
> Erst wenn du nicht mehr liebst und haßt,
> Wird er sich zeigen, strahlend-hell ...
> Willst du, daß er sich offenbare,
> Verharre nicht beim Für und Wider:
> Im Streit des Für und Wider liegt
> Die ganze Krankheit unseres Geistes.

Eine andere Sekte, die schon 575 begründet worden war, gelangte unter der Sui-Dynastie zur Entfaltung. Sie ist nach dem Tiän-tai-Gebirge, der »Himmelsterrasse«, in der Südost-Provinz »Dschêgiang« benannt, wo das Gründungskloster lag, errichtet von dem Mönch Dschih-i. Dieser war verwirrt gewesen durch die Vielzahl der Sūtren mit ihren oft divergierenden Lehrmeinungen. Denn nach allgemeinem Glauben waren sämtliche Sūtren vom Buddha selbst gesprochen worden. Dschih-i nun erdachte sich ein System von fünf Phasen, in welchen der Buddha, jeweils auf die Fassungskraft der Hörer abgestimmt, seine Botschaft verkündet habe. Die Lehre des Kleinen Fahrzeugs, des Hīnayāna, sei demnach für die philosophisch minderbegabten Schüler bestimmt gewesen. Die Philosophie der Leerheit, wie sie vom Zen vertreten wurde, sei in der vierten Phase den fortgeschrittenen Jüngern gepredigt worden. Erst in der letzten Phase habe der Buddha die absolute Wahrheit offenbart, und zwar durch das »Sūtra von der Lotosblüte des wunderbaren Gesetzes«. Somit bildete das »Lotos-Sūtra« das Hauptevangelium der Tiän-tai-Sekte.

Nicht nur auf dem Festland, sondern auch in Japan sollte die Sekte eine hervorragende Rolle spielen, dort »Tendai« genannt. Mit den Gesandtschaften, die von Japan an den Kaiserhof der Sui geschickt worden waren, begann die chinesische Kultur, das Inselreich von Grund auf zu verwandeln. Dies war die Tat des Prinzregenten Shōtoku Taishi (574–622), eines Neffen der japanischen Kaiserin und Reichsverwesers.

Vermutlich schon 538 hatte der König von Paekche in Korea dem damaligen Tennō eine Buddha-Statue und buddhistische Schriften gesandt. Ein Mönch aus Kokuryo, ebenfalls in Korea, machte nun Shōtoku Taishi mit der Religion vertraut. 594 erhob der Prinzregent den Buddhismus zur Staatsreligion und gründete in der Nähe des heutigen Nara ein Kloster, das Hōryū-ji (»Kloster des Dharma-Gedeihens«), welches zum Ausgangspunkt der neuen, chinesisch-japanischen Kultur werden sollte. Der Prinzregent selbst legte vor versammeltem Hof drei Sūtren aus: das Lotos-Sūtra, das Vimalakīrti-Sūtra, als Grundlage für den Laien-Buddhismus des Mannes, und ein entsprechendes Sūtra als Anleitung für Frauen des weltlichen Standes. Kurz nach dem Tode Shōtoku Taishis zählte man in Japan bereits 46 Klöster beziehungsweise Tempel, 846 Mönche und 569 Nonnen.

Im 7. Jahrhundert gewinnen die Tibeter an Macht, vor allem durch die Tatkraft ihres Königs Song-tsan Gampo (um 620–649). Mit militärischem Nachdruck erreichte dieser, daß ihm die nun regierende chinesische Tang-Dynastie eine Prinzessin zur Frau gab. Der Tibeterkönig war bereits mit einer Nepalesin verheiratet, die das Bergland, in dem noch Knotenschnüre und Kerbstäbe die Schrift ersetzten, mit der indischen Kultur und dem Buddhismus bekannt gemacht hatte. Mit der Tang-Prinzessin namens Wen-tscheng nun breiteten sich chinesische Sitten im tibetischen Tu-fan-Reich aus. Für die Prinzessin, die 641 in Lhasa eintraf, werden Stadt und Festung ausgebaut. Zusammen mit ihrer nepalesischen Gefährtin macht sie Tibet zum Hort des Buddhismus; und wenn viele Schriften dieser Religion in ihrer tibetischen Version erhalten geblieben sind, während die indischen Urtexte verlorengingen, ist das letztlich den beiden Frauen zu verdanken.

Von China wandern zwei berühmte Pilger nach Indien, zunächst Hüan-dsang (von 629 bis 645), der dort mit den großen Philosophen seiner Zeit disputiert und die Lehre des buddhistischen Denkers Vasubandhu studiert. Hüan-dsang, der in Indien das Sanskrit gelernt hat, übersetzte und interpretierte mehrere Werke dieser Schulrichtung, deren Grundgedanke mit den Worten »Alles ist lediglich Vorstellung« umrissen wird. 652 ließ der Kaiser in der Hauptstadt Tschang-an die Große

Wildgans-Pagode errichten, um die von Hüan-dsang mitgebrachten heiligen Schriften aufzubewahren. In dem dazugehörigen Kloster vollendeten er und seine Mitarbeiter das Übersetzungswerk, das ein Viertel aller ins Chinesische übertragenen Texte, nämlich 1338 Faszikel, zählt. Neben diesen Übersetzungen hinterließ Hüandsang einen unschätzbaren Bericht über seine Reise durch etliche, bis dahin noch unbekannte Länder Asiens. Aus seinem Bericht erfahren wir übrigens, daß man in Indien seine Heimat Mahā-Cīna, »Groß-China«, nannte (so daß wir »Tschina« sagen müßten).

Der zweite Pilger hieß I-dsing. Er brach 671 auf und gelangte auf dem Seewege bis nach Gandhāra und Kaśmīr. I-dsing kompilierte oder inspirierte zumindest ein sanskrit-chinesisches Wörterbuch. Unter dem Einfluß indischer Lehrer erhielten die chinesische Astronomie und Mathematik erneut Anregungen. Schon 618 hatte ein Inder für den ersten Tang-Kaiser einen neuen Kalender geschaffen.

Der Zen-Buddhismus erlebt eine folgenschwere Spaltung in die ›Nördliche‹ und die ›Südliche‹ Schule. Erstere ist gekennzeichnet durch einen allmählichen Weg zum Erwachen, zur Erleuchtung, während die Südliche Schule den Grundsatz vertrat, daß Erleuchtung nur spontan möglich sei. Damit war in der Südschule des Zen eine Verwerfung aller schriftlichen Tradition vorgegeben, was nicht hinderte, daß sie selbst ein beachtliches Schrifttum hinterlassen hat.

Begründer des Südlichen Zen war Hui-neng (638 bis 713). Er gehörte einem Eingeborenenstamm an und hatte dem Fünften Patriarchen als Küchenjunge gedient; denn der Patriarch hatte bezweifelt, daß ein Eingeborener die Buddhaschaft erlangen könne. Der Küchenjunge aber überzeugte jenen von seiner tiefen Einsicht in das Wesen des Zen, so daß ihm die Würde des Sechsten Patriarchen übertragen wurde. Hui-neng war es recht eigentlich, der dem chinesischen Zen seinen Charakter verliehen hat.

Auch das 8. Jahrhundert sah eine Reihe eigenwilliger Zen-Meister. Herausragend Ma-dsu Dao-i (709–788). Er hat als erster seine Schüler durch Anbrüllen und Stockhiebe zur Erleuchtung geführt. Am Ende seiner äußerst herben Lehre ist alles aufgehoben. Hatte es einmal im Zen geheißen: »Der menschliche Geist ist Buddha«, sagte Ma-dsu nun: »Es ist weder Geist noch Buddha«, »Es ist gar nichts«.

Eine andere buddhistische Sekte, die kein indisches Vorbild hatte, wurde durch den sogdischen Mönch Fadsang (643–712) ins Leben gerufen. Sie ist – wie die Sekte vom Tiän-tai-Gebirge – synkretistisch, gründet aber auf dem »Blumengirlanden-Sūtra« (*Avataṃsaka-sūtra*). Dieses gab der Sekte in China den Namen Huayän, japanisch Kegon, was »Blumengirlande« bedeutet. In diesem Sūtra tritt Vairocana, »der Sonnengleiche«, auf, einer der fünf transzendenten Buddhas.

Die stärkste Förderung erfuhr die buddhistische Kirche damals durch die fähige, vielleicht auch skrupellose Kaiserin Wu, die um 660 die Macht an sich gerissen hatte. Unter der Leitung ihres Favoriten – ehemals ein ambulanter Arzneihändler – entstanden Bauwerke riesigen Ausmaßes. Unter anderem wurde das alte konfuzianische Kultgebäude, die »Halle des Lichts« (Ming-tang) in einem dreistöckigen Bau wiedererrichtet, daneben aber auch eine buddhistische »Himmelshalle«, in welcher gewaltige Götterstatuen aufgestellt wurden. Das traditionsreiche »Kloster zum weißen Pferd« in Lo-yang, wo die Kaiserin residierte, wurde erneuert und der Günstling der Kaiserin zu seinem Abt ernannt. Die Grotten beim Drachentor wurden erweitert, ein Buddha Vairocana von 16 Metern Höhe dort aus dem Felsen gehauen. Ja, die Kaiserin Wu versuchte, den Buddhismus zur Staatsreligion zu erheben. Der Klerus dankte ihr dies mit der Verleihung des indischen Titels eines »Heiligen Götterkaisers, der das goldene Rad der Herrschaft dreht«.

Die Klöster kaufen Land und sammeln Münzmetall für die Anfertigung von Buddha-Statuen und Glocken, unterhalten Kornmühlen und Ladengeschäfte, so daß die Kirche jener Zeit eine Wirtschaftsmacht ersten Ranges darstellte. Dafür übernahm sie freilich soziale Verpflichtungen, die der Staat vernachlässigte, so die Einrichtung freier Hospitäler, freier Apotheken, freier oder billiger Herbergen sowie den Brückenbau und die Bepflanzung der Überlandstraßen mit schattenspendenden Bäumen.

Eifrig werden die heiligen Schriften übersetzt, jetzt nicht nur aus den indischen Sprachen ins Chinesische, sondern auch aus dem Chinesischen in verschiedene Turksprachen wie das Uigurische, ins Tibetische, Koreanische und Japanische.

Das Volk unterwarf sich dem Buddhismus in einem Heilsverlangen und in der Hoffnung auf göttliche Hilfe bei Krankheit und in der stets drohenden Not. Den Gebildeten, den konfuzianisch gesonnenen Staatsdiener, berührte wohl eher die malerische Abgeschiedenheit der Klöster und Tempel mit ihren himmelstrebenden Pagoden, mit der Würde ihrer Buddha-Bilder und ihren freundlichen Mönchen. Deren reine Welt bot einen wohltuenden Kontrast zur Hektik der Großstadt, zu den Pflichten des Hofes. Auch schenkten die Klöster dem Wanderer Rast und Einkehr, wie das, als einer von ungezählten Dichtern, der große Du Fu beschreibt, der zwischen 741 und 744 in einem Kloster nahe dem Drachentor bei Lo-yang genächtigt hatte:

> Vom Ort der Mönche war ich ausgegangen;
> Am Ort der Mönche kehr zur Nacht ich ein.
> Aus dunklem Tal rauscht Orgelton des Leeren,
> Und klare Schatten wirft der Mond im Hain.
>
> Vorm Himmelstor, dicht bei Planet und Sternen,
> Lieg ich im Wolkenbett, die Kleider kalt.
> Und halb erwacht, hör ich die Morgenglocke:
> Geheiß, mich selbst zu prüfen, das da hallt.

In jenen Jahren, als die Verse geschrieben wurden, entstand in Japans Hauptstadt, dem heutigen Nara, ein Tempel nach chinesischem Vorbild und in gigantischen Ausmaßen, gemeinhin Tōdai-ji, der »Große Tempel im Osten (der Stadt)« genannt. Diesen Tempel der Kegon-Sekte hatte Kaiser Shōmu zur zentralen Kultstätte erhoben. In einer riesigen Halle – selbst nach ihrer späteren Verkleinerung um ein Drittel noch immer der größte Holzbau der Welt – wurde 752 die bronzene Statue eines Buddha Vairocana von 18 Metern Höhe geweiht. Damit erhob Japan den Anspruch, den Buddhismus zu repräsentieren.

Shōmu Tennō soll gefürchtet haben, daß er mit dieser Anlage die Ahnmutter seines Landes, die Sonnengöttin Amaterasu in Ise, gekränkt habe. So entsandte er den Mönch Gyōki nach Ise, der es erwirkte, daß Amaterasu sich in einem Orakelspruch zur Inkarnation des Vairocana erklärte. Der Umstand, daß Vairocana »der Sonnengleiche« bedeutet und im Chinesischen wie im Japanischen als »Große Sonne« umschrieben wurde, hatte die Gleichsetzung erleichtert. So wurde Gyōki zum Gründer des Ryōbu-Shintō, des »Zweigeteilten Götterweges«.

Der wohl berühmteste Abt des »Tempels im Osten« war Kūkai (774–835). Als junger Mann hatte er in einer Abhandlung die drei Lehren des Konfuzianismus, Buddhismus und Daoismus verglichen. Ein Jahr später wurde er Mönch und reiste 804 mit einer Gesandtschaft des Tennō nach China. Zwei Jahre lang lebte er in der Hauptstadt Tschang-an und sammelte heilige Texte, Bilder und Kultgeräte. Er war in die Geheimlehre des Tantra eingewiesen worden, die durch indische Mönche nach China gebracht worden war, ohne sich dort länger behaupten zu können. Kūkai nun verbreitete nach seiner Rückkehr die magischen Praktiken in Japan, womit er die Shingon-Sekte, die Sekte des »Wahren Wortes« geschaffen hat. In ihrem Mittelpunkt steht wiederum der Buddha Vairocana. 816 verlegte Kūkai den Sitz seiner esoterischen Schulrichtung auf den Kōyasan in der Präfektur Wakayama, womit der Berg zum Wallfahrtsort auch von Kaisern und Shōgunen wurde.

Die »Schule der Geheimnisse« (Mi-dsung), welcher Kūkai in der Hauptstadt Chinas begegnet war, fand im 8. Jahrhundert, wiederum von indischen Mönchen vermittelt, auch Eingang in Tibet. Diese Religionsform ist gekennzeichnet durch das Rezitieren von Mantras (kraftgeladenen Silben), durch die Verwendung von Mandalas (symbolischen Darstellungen kosmischer Kräfte) und durch die rituellen Gesten der Mūdras. Bei dieser Verbindung des Buddhismus mit altindischer Naturreligion einschließlich ihrer Sexualkulte spricht man auch vom Vajra-yāna, dem »Diamant-Fahrzeug«. Der Diamant verkörpert dabei das Unzerstörbare. Die Philosophie der Leerheit, wie sie Nāgārjuna vorgetragen hatte, bildet das geistige Fundament all dieser magischen Praktiken.

In China hatte schon 819 der konfuzianische Literat Han Yü den Kaiser in einer Bittschrift beschworen, der feierlichen Einholung einer Reliquie – es war ein Fingerknöchel des Buddha – nicht beizuwohnen. Für den klassisch gebildeten Staatsdiener war Buddha ein Barbar, der nicht einmal chinesische Kleidung getragen und der das Verhältnis zwischen Fürst und Untertan, zwischen Vater und Sohn mißachtet hatte. Von 842 bis 845 kam es tatsächlich zu einer Verfolgung des Buddhismus. Wie es heißt, wurden fast 4600 Klöster und Tempel zerstört oder säkularisiert und fast 45 000 größere oder kleinere Heiligtümer beseitigt. Alle über fünfzig Jahre alten Mönche und Nonnen, mehr als 260 000, mußten ins weltliche Leben zurückkehren, 150 000 Klostersklaven wurden in die Steuerlisten eingetragen. Zugleich wurden »Millionen« Morgen Landes in Äcker umgewandelt.

Die Proskription entsprang wohl nur in zweiter Linie der nationalen Wiederbesinnung und mehr dem wirtschaftlichen Zwang: allzu groß war der kirchliche Aufwand; allzu viel Münzmetall wurde zweckentfremdet; allzu viele Männer entzogen sich dem Militärdienst oder der Landwirtschaft. Zwar wurden einige Klöster bald nach 845 wieder aufgebaut, so die bedeutende Pilgerstätte auf dem Wu-tai-schan im hohen Norden; aber unersetzliche Kunstwerke waren vernichtet worden, und China hatte seinen Ruhm als »buddhistisches Licht des Ostens« verloren. Eine dauernde Schwächung der meisten Sekten war die Folge; nur die Zen-Schulen überlebten die Katastrophe einigermaßen unbeschadet.

Noch als die große Verfolgung im Gange war, hatte

der Zen-Meister Lin-dsi I-hüan (gest. 866/867) eine eigene Schule gegründet. Sie stand in der Nachfolge des Ma-dsu Dao-i, dessen Stockhiebe und Schreie zum Zweck der Erleuchtung übernommen wurden. Seit dem 10. Jahrhundert benutzten die Meister der Lin-dsi-Schule das *gung-an* (sinojap. *kōan*) zum Erreichen oder Vertiefen der Erleuchtung. Das *gung-an*, wörtlich der »Gerichtsfall«, ist ein kurzer Text, der meist einen paradoxen Ausspruch oder eine absurde Handlung früherer Zen-Meister schildert, um das logische Denken des Hörers aufzuheben. So spricht man auch vom *kan-hua-tschan*, der »Versenkung durch das Betrachten von Worten«.

Eine schweigende Erleuchtung (*mo-dschao*) dagegen stand im Mittelpunkt der konkurrierenden Tsao-Dung-Schule, benannt nach ihrem Begründer Dung-schan Liang-giä und seinem Schüler Tsao-schan Ben-dsi im 9. Jahrhundert. In beiden Schulen wurde auch das Lehrgespräch zwischen Meister und Schüler gepflegt, und trotz der Bevorzugung der Schweigenden Erleuchtung sowie der Versenkung im Sitzen (sinojap. *zazen*) bediente sich die Tsao-Dung-Schule gelegentlich des *gung-an*.

Hundert solcher ›Fälle‹ sind im 11. Jahrhundert von dem Zen-Abt Süä-dou Tschung-hiän gesammelt und jeweils mit einem Lobgesang abgeschlossen worden. Zwischen 1111 und 1115 verfaßte Meister Yüan-wu Ko-kin zu diesen ›Fällen‹ jeweils einen ›Hinweis‹ und fügte Zwischenbemerkungen und Erläuterungen hinzu. Um 1300 ist das ganze Werk unter dem Titel »Niederschrift von der Smaragdenen Felswand« (*Bi-yän-lu*) gedruckt worden und bildet seitdem ein Hauptwerk des Meditations-Buddhismus.

Klarer im Aufbau und mit seinen 48 ›Fällen‹ knapper ist das *Wu-men-guan*, »Das türlose Paßtor«, eine Sammlung, die, von Wu-men Hui-kai verfaßt, 1229 erschien.

Hier folgt auf jeden ›Fall‹ eine kurze Erläuterung und ein vierzeiliger Gesang.

Mit dem Sieg des Neo-Konfuzianismus im 11. und 12. Jahrhundert war die Macht des Buddhismus in China gebrochen; nur als eine der »Drei Perlen« lebte er neben dem Konfuzianismus und Daoismus fort. Damit war auch der Niedergang des Zen besiegelt. Vom hochspekulativen Denken Indiens ausgehend, stellte es in mancher Beziehung ein Extrem dar, das sich mit dem chinesischen Ideal von Maß und Mitte kaum vertrug. Ein Extrem waren auch die Gemälde der Zen-Künstler in ihrer Kargheit der Pinselstriche und ihrer schwarzen Tusche, die dem angeborenen Sinn des Chinesen für das Bunt-Prangende widersprachen. Daher verwundert es nicht, daß die großartigsten Zeugnisse der Zen-Malerei nach Japan wanderten.

Hier fand der Zen-Buddhismus eine bleibende Heimstatt. Dōgen Zenji (1200–53), der als junger Mann in China die Erleuchtung erfahren hatte, brachte die Tradition der Tsao-Dung-Schule nach Japan, dort Sōtō-shū gesprochen. Neben ihr blieb auch die Lin-dsi-Schule – als Rinzai-shū – bis heute lebendig, ja, das Zen hat die japanische Kultur zutiefst geprägt. Dazu gehören der »Tee-Weg«, die Blumenkunst des Ikebana, das Nō-Spiel, sogar das Bogenschießen und das Schwertfechten. Überhaupt sprach die strenge Disziplin der Zen-Klöster den Samurai-Geist des Japaners an. Aber auch die Dichtung war vom Zen tief eingefärbt. Besonders im siebzehnsilbigen Haiku fühlt der Japaner das Erlebnis des Zen gültig ausgedrückt, etwa das wunschlose Einswerden von Subjekt und Objekt im stillen Gang der Natur, wie bei Matsuo Bashō (1644–94):

Eingesponnen vom Winter.
Will wieder hocken hier,
lehnend am Pfosten.

Oder die Verewigung des Augenblicks im flüchtigen
Dasein des Menschen, so bei Masaoka Shiki (1867 bis
1902):

Vorbei der Schnellzug.
Von seinem Rauch umspielt
das junge Laub.

Zur Aussprache

Michael Carrithers hat seiner Darstellung den Pali-Kanon zugrunde gelegt. Er ist in jener Sprache geschrieben, die vermutlich die des Buddha war und somit vom Hīnayāna übernommen wurde. Dieser mittelindische Dialekt unterscheidet sich vom Sanskrit, der Sprache des Mahāyāna, geringfügig. So wurde das Sanskrit-Wort *dharma* im Pali zu *dhamma*, *sūtra* zu *sutta*. Der Leser wird in analogen Fällen kaum Schwierigkeiten haben.

Die chinesischen Namen und Termini

Als Umschrift habe ich – mit geringfügigen Veränderungen – die durch Richard Wilhelm weitverbreitete Transkription gewählt. Nicht nur ist sie für den deutschen Leser bestimmt, sondern sie behält auch ein paar der alten Anlaute bei, die in der modernen Peking-Sprache verschliffen sind.

h vor *i* und *ü* lautet wie das *ch* in »ich«, sonst wie in »ach«;
s und *ss* sind stimmlos wie in »Wasser«;
j ist dem französischen *j* in »jardin« oder dem englischen *r* in »right« ähnlich;
w wie in engl. »water«;
y wie in »yes«;
ih ist ein kaum hörbares *i*;
ê ein Mittelding zwischen *e* und einem offenen *ö*;
dse und *sse* sprechen sich wie ein stimmhaftes *ds* bzw. *ss*;
Doppelvokale wie in *Dschuang* sind nacheinander, aber einsilbig zu sprechen.

Mit der korrekten Schreibung *Dao* wurde das herkömmliche *Tao* ersetzt, da sich *Dao* einzubürgern beginnt.

Die japanischen Namen und Termini

Hier gilt international das System Hepburn. Danach werden die Konsonanten wie im Englischen, die Vokale wie im Deutschen ausgesprochen. Ausnahme ist das g, das wie im Deutschen lautet.

> s wie in »seal« (ein stimmloses s);
> z wie in »zeal« (ein stimmhaftes s);
> sh wie in »shell« (deutsches sch);
> ch wie in »church« (deutsches tsch);
> j wie in »job« (deutsches dsch);
> y wie in »year« (deutsches j).
> Vor i lauten sh, ch und j sehr spitz.

Doppelkonsonanten sind wie im Italienischen lang anzuhalten. Sämtliche Vokale sind kurz außer ō und ū.
Doppelvokale wie in *Masaoka* sind getrennt zu sprechen.

Namen

Im Chinesischen wie im Japanischen steht der Familienname vorn, der persönliche oder der Künstlername dahinter. Mönche und Nonnen nehmen einen Mönchsnamen an. Ist er viergliedrig, bezeichnen die ersten beiden Silben das Kloster.

Literaturhinweise

Lexikon der östlichen Weisheitslehren. Buddhismus – Hinduismus – Taoismus – Zen. Hrsg. von Ingrid Fischer-Schreiber. Bern/München/Wien: Scherz / O. W. Barth, 1994.

Japanese-English Buddhist Dictionary. Tokio: Daitō Shuppansha, 1965.

Daisaku Ikeda: Buddhismus. Das erste Jahrtausend. Bindlach: Gondrom, 1990.

Ulrich Schneider: Einführung in den Buddhismus. Darmstadt: Wissenschaftliche Buchgesellschaft, 1980.

Edward Conze: Der Buddhismus. Wesen und Entwicklung. Stuttgart: Kohlhammer, 1953.

Erich Frauwallner: Die Philosophie des Buddhismus, Berlin: Akademie-Verlag, 3., durchges. Aufl. 1969.

E. Zürcher: The Buddhist Conquest of China. The Spread and Adaptation of Buddhism in Early Medieval China. 2 Bde. Leiden: Brill, 1972.

Heinrich Hackmann: Chinesische Philosophie. München: Reinhardt, 1927.

Fung Yu-lan: A History of Chinese Philosophy. Bd. 2. Leiden: Brill, 1953.

Otto Franke: Geschichte des chinesischen Reiches. Bd. 2. Berlin: de Gruyter, 1961.

Wolfram Eberhard: Geschichte Chinas. Von den Anfängen bis zur Gegenwart. Stuttgart: Kröner, 1971.

Jacques Gernet: Die chinesische Welt. Frankfurt a. M.: Insel Verlag, 1979.

Dietrich Seckel: Buddhistische Kunst Ostasiens. Stuttgart: Kohlhammer, 1957.

Helmut Brinker: Zen in der Kunst des Malens. Bern/München/Wien: Scherz / O. W. Barth, 1985.

Lotos-Sūtra. Sūtra von der Lotosblume des wunderbaren Gesetzes. Übers. von Margareta von Borsig. Gerlingen: L. Schneider, 1992.

Bi-yän-lu: Meister Yüan-wu's Niederschrift von der Smaragdenen Felswand. Übers. und erl. von Wilhelm Gundert. 3 Bde. München: Hanser, 1960. 1967. 1973.

Heinrich Dumoulin: Mumonkan. Die Schranke ohne Tor. Meister Wu-men's Sammlung der achtundvierzig Kōan. Mainz: Matthias-Grünewald-Verlag, 1975.

Lao-tse: Tao-Tê-King. Das Heilige Buch vom Weg und von der Tugend. Übers. von Günther Debon. Stuttgart: Reclam, 1961 [u. ö.].

Dschuang Dsï. Das wahre Buch vom südlichen Blütenland / Nan Hua Dschen Ging. Übers. und erl. von Richard Wilhelm. Jena: Diederichs, 1920.

Liä Dsï. Das wahre Buch vom quellenden Urgrund / Tschung Hü Dschen Ging. Die Lehren der Philosophen Liä Yü Kou und Yang Dschu. Übers. und erl. von Richard Wilhelm. Jena: Diederichs, 1911.

Wilhelm Gundert: Japanische Religionsgeschichte. Die Religionen der Japaner und Koreaner in geschichtlichem Abriß dargestellt. Stuttgart: Gundert, 1943.

Horst Hammitzsch (Hrsg.): Japan-Handbuch. In Zsarb. mit Lydia Brüll, unter Mitw. von Ulrich Goch. Wiesbaden: Steiner, 1981.

Dietrich Seckel: Buddhistische Tempelnamen in Japan. Stuttgart: Steiner, 1985.

Heinrich Dumoulin: Zen. Geschichte und Gestalt. Bern: Francke, 1959.

Daisetz T. Suzuki: Zen und die Kultur Japans. Bern/München/Wien: Scherz / O. W. Barth, 1994.

R. H. Blyth: Haiku. 4 Bde. Tokio: Hokuseido, 1952.

Register

Orientalische
und asiatische Literaturen

IN RECLAMS UNIVERSAL-BIBLIOTHEK

Philipp Reclam jun. Stuttgart